VASOS SAGRADOS

Mitos indígenas brasileiros
e o encontro com o feminino

Maria Inez do Espírito Santo

Tu és um pote sem fundo
que jamais se pode encher.
És o abismo, o nada,
porém tudo que existe
deve a ti a sua origem.

"Jaculatória a Yanderu Mbaê Kuaá"
WALDO MOTTA

Sumário

PREFÁCIO
Pra início de conversa...

... digo logo a vocês que, que ao mergulhar nessa leitura, é necessário ter a atitude de quem contempla o infinito, na certeza de ser parte do Todo, que sempre existiu e sempre existirá. É desse lugar que se pode reconhecer o poder dos ensinamentos advindos da transmissão oral que, de geração em geração, tem preservado o legado mitológico.

Mas devo-lhes advertir, também, que esta é basicamente uma coletânea de contos, um conjunto de histórias que vão se misturando e se encaixando umas nas outras, como partes de um jogo. Mantendo sua função lúdica, elas certamente trazem conhecimentos inusitados e ampliam as possibilidades de reflexão de quem as ouve, porque a narrativa de um mito sempre oferece muitas entradas e muitas saídas, por onde seguir um mesmo enredo.

Este livro é fruto de demorada germinação de um broto precioso. Criança ainda, sem contar com interlocutores para as questões que eu sequer sabia formular, ouvi da Natureza as primeiras lições míticas. E se, certamente, fui privilegiada ao percebê-las, caminhei meio século reconhecendo, com certo assombro, seus ecos poderosos, em palavras certeiras que ouvi algumas vezes e que fui capaz de proferir, outras tantas, sempre que o coração falou sem medo. Os mitos me fizeram compreender a força surpreendente que ultrapassa o potencial do corpo físico e que é, ao mesmo tempo, o pulsar da própria Vida, em toda sua extensão de complexidade e beleza, ainda quando nos impacta mais do que seduz.

O estilo de narrativa simples e despretensioso que lhes ofereço busca que a aproximação com o leitor se faça, com naturalidade. Assim poderemos permitir o encontro harmonioso de nossos ritmos diversos e ver, pouco a pouco, surgir o desenvolvimento da intimidade desejável, entre nós. Para isso proponho que cada qual encontre sua forma própria de leitura. Cuidei para que os relatos mitológicos fossem grafados em destaque, de maneira que possam ser lidos isoladamente, se assim lhes parecer melhor.

A inter-relação entre novos e velhos saberes, incluídos na busca do autoconhecimento, provavelmente atrairá o interesse de muitos leitores. Da mesma forma, educadores (pais e professores, em especial), terapeutas e todos aqueles que trabalham com formação e saúde — o cuidar humano — poderão encontrar, aqui, diferentes possibilidades de se aproximar do fascinante mundo paralelo e concomitante — o inconsciente — produtor incessante de significações e de novas demandas.

Ceiuci, o mito que abre o livro, me chegou nos últimos dias de 1973, trazido pela voz do saudoso professor Fernando Lébeis. O encantamento de sua poderosa contação foi como um portal que me levou mata adentro, num percurso de sedução irresistível, através das histórias dos antigos — como são chamados esses ensinamentos sagrados, por muitos dos povos ancestrais em todo o mundo. Seguiram-se muitos anos de uma relação mestre/aprendiz, entre Fernando e eu, até que, com sua partida definitiva, eu aceitei o desafio de seguir nessa linha de transmissão, facilitando que outras pessoas encontrassem, através desses conhecimentos, novas possibilidades de compreensão dos mistérios da existência terrena. Propiciar que ensinamentos preciosos de nossos povos nativos cheguem a mais e mais pessoas é, pois, a realização de um sonho e uma missão, que acatei e que muito me honra.

Logo no primeiro capítulo, Ceiuci, a velha gulosa, nos põe em contato com a angústia existencial do sentido da vida[1] e, mal iniciamos a interpretação dos conteúdos dessa história, aparece Jurupari — o legislador — que, por isso mesmo, virá a ser o mito central do segundo capítulo. Percebendo e aceitando o movimento labiríntico que os mitos propõem[2], nesse ir e vir, fui sendo conduzida por caminhos que surgiram, em um encadeamento que foi se formando, silenciosa e paulatinamente, ligando uma história à outra, renovando e recuperando sentidos a cada momento.

O eixo norteador deste trabalho foi minha percepção de que, na verdade, ao nos interrogarmos sobre o valor de nossa própria existência, nos deparamos, inevitavelmente, com a importância das relações humanas e, especialmente, da relação homem/mulher, fundadora das primeiras estruturas familiares e das sociedades concebidas como instituições.

Continuando e aprofundando essa busca de entendimento, constatamos que, quando estabelecidas dentro dos modelos de dominação e subjugo, as relações interpessoais dificilmente chegam sequer a ser satisfatórias. Encontrei nos mitos "O comedor de cobras" e "A cabeça voadora", narrados no terceiro capítulo, a contribuição milenar para reflexões profundas sobre esse campo de conflitos, sempre contemporâneos.

O capítulo final, centralizado em torno do mito "Mulher de barro" nos reconduz às questões iniciais e nos devolve às interrogações sobre a origem da Vida, apontando, então, para a possibilidade de melhor entendimento entre os seres humanos, por meio do resgate de valores ancestrais, fundadores dos princípios de mutualidade e solidariedade.

Ao destampar esses Vasos Sagrados, espalhando seus conteúdos ao sabor do vento, desejo que alcancem o mais distante e recôndito espaço, e espero estar honrando o livre-arbítrio que recebi como criatura humana, ao repetir, como nos ensina o texto sagrado dos Guarani[3]: "as palavras indestrutíveis, as quais nada, jamais, enfraquecerá". Nesse percurso aparecerão certamente aspectos assustadores, mas provaremos, igualmente, o néctar do contentamento de nos sentirmos mais próximos daquilo que realmente somos, sabendo um pouco mais dos caminhos misteriosos de nosso mundo interno, com o auxílio da cartografia mítica, desenhada no ar pela voz ancestral de nossos antepassados.

Da fitoterapia aprendemos que, quando existe integração e harmonia ambiental, a planta de poder curativo brota, espontaneamente, no sítio onde vive o doente que dela precisa. Que possamos encontrar, cada um de nós, nessas brotações do inconsciente maior, a mensagem que melhor atender a nossas necessidades.

A cada um de vocês, boa colheita!

INTRODUÇÃO
O encontro mítico:
uma estaca entre o céu e a terra

Diz-se que a cultura é o que permanece no homem, quando ele de tudo se esqueceu. Pois é desse lugar do *esquecimento* que surgem os mitos — da memória[4] do que é Absoluto. No entanto, a força de captação total do Absoluto, contida na Natureza, é informulável. Pelas imagens oníricas podemos, raras vezes, chegar mais perto de alcançar tal energia. Na vigília, ela pode nos aparecer nos delírios, distorcida, confusa e, portanto, inútil; mas se revela íntegra e poderosa através da linguagem mitológica.

Por isso se diz que mitos são o *sonho do universo*. São histórias ocorridas *in illo tempore*, que nos permitem chegar *ab-origine*, como nos ensina Mircea Eliade[5] — o tempo onde tudo sempre é, como o espaço atemporal do inconsciente, que faz com que as representações possam estar sempre encontrando novas ressignificações, em encadeamento e repetição incessantes. Daí a sensação de um fio, que se desdobra, se intercomunica, ora faz conexão, ora parece emaranhado, que às vezes se teme partido, mas que sempre continua...

Na instância mítica, nós, criaturas mortais, tornamo-nos espectadores e, simultaneamente, herdeiros das experiências ancestrais, *onde e quando todos os seres somos, desde sempre,* em uma mesma e única origem *divina*. E, porque o espaço mítico realiza o atemporal, visitá-lo é ir do mais sutil ao mais denso, muito além do que qualquer experiência física possa proporcionar.

Os homens sempre perceberam os mitos e os organizaram espontaneamente, como uma linguagem, tentando dar conta da grandiosa complexidade da vida. Nesse sentido, podemos dizer que os mitos são suportes vigorosos. Ao incorporarmos seus conteúdos, fazemos, em nós mesmos, a ligação entre as manifestações do inconsciente pessoal e do inconsciente coletivo; é como se, através desse processo, nos tornássemos estacas entre o céu e a terra.[6]

As diferentes manifestações artísticas promovem justamente a canalização dessa energia mítica, fazendo-nos assim viver emoções que vão do sublime à extrema perdição. Mas porque o ser humano está irremediavelmente destinado à palavra, é na contação que se realiza o rito: a expiação desses conteúdos latentes, tão abrangentes, que se nos inscrevem e nos possuem. É por isso que o mito liberta. Porque ele nos põe em contato com um texto inaudível, já que impronunciável, paralelo ao mundo da realidade e integrador das dimensões opostas.

É dessa espécie de memória ancestral, capaz de nos ligar ao que é fundamental em qualquer tempo, que trataremos aqui. No entanto, mesmo sabendo que não cabe à mitologia qualquer preocupação com fatos históricos, por sua qualidade de transcendência, ela é indelevelmente impregnada e impregnante de cultura. Daí não podermos abandonar as heranças míticas que recebemos.

Mas, acima de tudo, este livro é minha forma de colaborar com a demarcação do território indígena. Acredito que quanto mais a cultura genuína de nossa terra for resgatada e devidamente valorizada, mais claramente se poderá garantir o respeito a seus limites geográficos, porque a cultura é o verdadeiro sítio de cada nação. De origem etimológica ligada à palavra colo, o termo cultura fala daquilo que propicia o sentido de pertencimento e de amor-próprio.

Pensar nossas culturas indígenas a partir da data do descobrimento do Brasil pelos portugueses é uma forma de não as valorizar, de não reconhecer a riqueza de nossa história. Na verdade, os mitos de nossos índios pertencem a culturas que existem provavelmente há algo em torno de 14 mil anos (período Paleolítico).[7] Ao longo desse tempo, é possível que essas antigas civilizações que aqui viveram[8] tenham sido alvo de muitas formas de ataques culturais, como nos leva a pensar Kaká Werá Jecupé, nosso pajé guarani contemporâneo, em seu livro *Tupã Tenondé*.

Em *Mito e realidade*, Mircea Eliade afirma que o mito é, para os indígenas, uma história sagrada, portanto uma história verdadeira, porque sempre se refere a realidades. São questões que de fato existem e que aparecem simbolicamente nas diferentes mitologias. Nessa linha de pensamento, fica claro que aquilo que os indígenas brasileiros vêm, há milhares de anos, buscando preservar é um tesouro muito mais valioso que o total dos bens materiais levados do Brasil em toda a história que aqui já foi vivida. E foi através da transmissão oral que os indígenas conseguiram fazer chegar, até nossos dias, ensinamentos sagrados, continente de princípios preciosos para a saúde psíquica e emocional do ser humano.

Sem templos construídos pelo homem, mas fazendo da mãe-natureza o seu templo perene, os indígenas brasileiros, diferentemente de outros povos nativos em diversos países, recusaram-se a trabalhar com os conquistadores da terra onde viviam (os diferentes colonizadores que tivemos), resistindo a lhes oferecer suas crenças. Injustamente chamadas de preguiçosas, por não se fixarem à terra, aquelas primeiras nações nômades nos ensinaram a lição da não propriedade, do não acúmulo de bens. Muitas vezes dominados e quase completamente exterminados, durante séculos e séculos, seguiram repetindo seus mitos, contando e recontando a seus descendentes os princípios de suas culturas milenares e, muitas vezes, preferiram morrer a abrir mão de seu conhecimento profundo sobre a floresta e o universo natural de mistérios poderosos que ela abriga.

Este trabalho é uma tentativa de tradução de alguns desses saberes, não com a intenção de que alguma explicação possível possa vir a ser o instrumento de cura. Em minha prática como psicoterapeuta, ao introduzir a contação de mitos indígenas brasileiros durante uma sessão clínica, percebi que o processo de ativação dos conteúdos inconscientes se dava, sem que fosse necessária nenhuma interpretação. Foi-me possível compreender que a simples narrativa, quando adequada, tem a capacidade de promover uma interligação entre o mito particular e o mito universal, dinamizando a transformação psíquica, a partir de um processo afetivo. É um processo semelhante ao que nos aconteceu, a todos, quando crianças, ouvindo os contos de fadas. Estes, com certeza, nos facilitaram a compreensão dos valores éticos, ou o reconhecimento de sentimentos ambivalentes e até antagônicos, dispensando ensinamentos formais.

Além disso, como nascentes originais que eles são, nós brasileiros podemos encontrar nos mitos indígenas nossa mais remota identidade e, a partir dela, reconstruir nossa digna brasilidade; daí poder olhar o mundo de frente e, sem estranhamento, insegurança nem temor, sermos capazes de reencontrar, em nós mesmos, nossas referências fundamentais.

CAPÍTULO I
Ceiuci

Entrar na floresta mítica e encontrar nossa própria densidade... Espreitar entre as árvores gigantescas, pressentindo a presença de seres ancestrais, que contêm nossos segredos mais remotos... Aprender com eles o quanto somos frágeis, o quanto somos poderosos... Eis o convite para o primeiro encontro.

Ceiuci, a velha gulosa

Contam que tinha um menino índio, que vivia na floresta com sua mãe. Um dia, bem de manhãzinha, ele saiu para pescar. Caminhou até a beira de um rio caudaloso, onde costumava nadar. Ali havia uma grande árvore com um galho longo, que se deitava sobre o leito das águas. No alto da árvore tinha um mutá, uma espécie de jirau que é armado sobre os troncos, onde o pescador ou o caçador fica, em segurança, pra vigiar e atacar sua presa.

O indiozinho subiu no mutá e ia começar a pescar, quando distinguiu, em meio aos sons singelos da quietude da floresta, o ruído que um remo fazia, cortando as águas do rio. Então ele viu: descendo pelo igarapé, vinha Ceiuci, a velha gulosa!

Ceiuci é terrível! Ela tem uma fome incontrolável! Devora tudo o que vê pela frente e, mesmo assim, está sempre insatisfeita; por isso, tem muita pressa. E lá vinha ela, em sua canoa, jogando a tarrafa na água com toda força, e recolhendo rápido a rede. Desesperada queria pegar tudo aquilo que pudesse comer. Foi quando, olhando para o rio, viu o reflexo do indiozinho nas águas. Afobada, ela pensou que o menino estava dentro do rio e, mais que depressa, atirou a tarrafa para pescá-lo.

Do alto da árvore, o índio, vendo aquela cena e percebendo o engano da velha, se descuidou e não pôde conter uma risada. Nesse momento, Ceiuci virou na direção de onde vinha o som daquele riso e descobriu o rapazinho.

Encantada com o que estava vendo, ela se recuperou rapidamente da surpresa e, disfarçando sua intenção, falou manhosa:

— Ah! Então é aí que você está?

E convidou:

— Desce aqui, meu neto!

— Eu não! — respondeu o garoto, que não era bobo nem nada.

Ela insistiu, cativante:

— Desce, vem cá!

Mas o menino, assustado, tornou a recusar:

— Eu não!

A velha ficou com raiva e ameaçou:

— Desce logo daí, senão eu vou te mandar os marimbondo!

Disse e cumpriu. Na mesma hora, apareceu um enxame de marimbondos enormes que, numa velocidade fantástica, avançaram na direção do rapaz, picando e ferroando todo seu corpo. Corajosamente, ele arrancou uns ramos da árvore e lutou contra os marimbondos, batendo com vigor nos próprios braços e pernas até espantá-los.

Ceiuci, enraivecida, assistiu àquela luta e à vitória do moço. Temendo não conseguir fazê-lo descer, insistiu outra vez:

— Desce para o chão, meu neto!

E, vendo que o menino não cedia, rosnou ferozmente:

— Desce, senão vou te mandar as tocandira!

Disse e cumpriu. Nem bem acabara de falar e surgiu um batalhão de tocandiras, aquelas formigas grandes, grossas e compridas, que têm um esporão como o das vespas e cuja ferroada dói tanto que chega a dar febre. As tocandiras foram subindo pelo tronco e pelos galhos da árvore, numa marcha veloz e determinada, em direção ao indiozinho, que procurou se esquivar e se defender. As formigas foram escalando seu corpo, mordendo-o, mordidas terríveis, de arrancar pedaços! Ele resistiu à dor enquanto pôde, até que, não suportando mais, atirou-se nas águas do rio para se livrar das malditas.

Mais que depressa, Ceiuci jogou a tarrafa e prendeu com ela o rapaz, enrolando-o bem. Quando viu que ele já estava bem seguro, Ceiuci pôs a rede no ombro, como um saco, e retornou com o bote pelo igarapé acima em direção a sua casa, que ficava numa clareira, bem no meio da mata fechada.

Chegando lá, a velha gulosa deixou o rapaz enrolado ali mesmo, no meio do terreiro, e foi para o mato, catar lenha para acender um fogo. Ela achava que o índio era uma caça grande, bem especial, e que valia a pena prepará-la moqueada, para que durasse vários dias. Acontece que Ceiuci tinha uma filha, que morava com ela no meio da floresta. A moça, ao ver a mãe chegar, estranhou que ela não tivesse chamado para mostrar o que caçara.

— Que esquisito! Minha mãe não me mostrou a caça de hoje. Ela sempre se gaba do que caçou... Que será que tem ali dentro daquela rede? — pensou curiosa.

Rapidamente, ela foi ver o que havia no misterioso embrulho, largado no meio do quintal. Abrindo a tarrafa, ela logo viu o rosto do jovem. Era o moço mais bonito que já tinha visto!

Mas durou apenas um instante aquele encanto, porque com olhos desesperados, ele implorou:

— Por favor, me ajuda! Ceiuci quer me comer!

A moça conhecia a mãe que tinha e sabia que havia razão para o índio ter medo. Ela ajudou-o a se desembaraçar da rede e levou-o até o outro lado da mata, onde o escondeu. Depois voltou depressa, pegou um grande pilão e cobriu-o com cera, modelando com ela uma forma humana. Enrolou tudo na tarrafa e deixou ali, no mesmo lugar onde Ceiuci pusera o moço.

Quando a velha voltou da floresta com a lenha, armou um moquém, pegou o fardo da caça e botou em cima da grelha para assar. É verdade que ela achou o pacote todo muito pesado, mas isso só fez com que ficasse mais gulosa ainda, pensando no bitelo que era o rapaz que ia devorar. Aceso o fogo, à medida que a lenha ardia, o embrulho foi esquentando, e a cera começou a derreter. Achando que era a gordura da caça que estava escorrendo, Ceiuci lambia os beiços de prazer. Mas logo, queimada a rede e a capa de cera se desfazendo, apareceu o pilão. Louca de raiva, Ceiuci percebeu: fora enganada! Como na casa só havia ela e a filha, pôde, facilmente, imaginar o que tinha acontecido. Gritou, então, ameaçando:

— Onde está minha caça? Onde você escondeu minha comida? Devolva minha caça, senão vou comer você!

A moça conhecia muito bem a mãe que tinha e sabia que ela cumpriria o que estava dizendo. Mas, nessa altura, por mais que temesse as consequências, já estava encantada com o moço e queria protegê-lo. Procurou agir rápido:

— Eu escondi ele. Mas, espera, já vou buscar!

Correu na frente da mãe para a beira da floresta, até o lugar onde deixara o rapaz, e avisou, solidária:

— Ceiuci vem vindo aí, e ela está furiosa! Você precisa fugir. Vem comigo! Vamos cortando palma de maçabi para fazer cestos.

E, mostrando com as mãos, ensinava:

— Trança assim, e vá jogando os cestos para trás de você. Isso vai fazer Ceiuci ir parando.

O rapaz obedeceu. Juntos, eles começaram a arrancar as palmas e trançar os cestos, apressados. Logo ouviram o barulho de Ceiuci se aproximando. Desesperados, começaram a correr, jogando os cestos pelo caminho por onde passavam. Ao cair, os cestos iam se transformando em animais: antas, veados, porcos-do-mato, capivaras, pacas, tamanduás. E a velha gulosa, cada vez que via surgir um bicho à sua frente, parava para devorá-lo, o que permitia ao jovem e à moça se distanciarem um pouco mais. Eles iam correndo, trançando os cestos e jogando-os pra trás, sem interromper sua fuga desabalada.

Enquanto isso, Ceiuci parava, engolia esganada cada bicho e recomeçava a perseguição. Até que, num momento, as palhas acabaram. A moça, então, olhou para o rapaz com um carinho enorme e, cheia de dó, se despediu, aflita:

— Daqui pra frente, você tem que seguir sozinho. Vá pela floresta e, se ouvir o som do cancã, saberá que Ceiuci está por perto. Quando isso acontecer, corre mais e se esconde! Depressa! Vá embora! Se salva!

Nesse momento, o índio olhou praquela moça, com muita dó de se despedir. Era a moça mais bonita que ele já tinha visto!

Mas Ceiuci já vinha vindo, e ele só teve tempo de botar um matapi — uma espécie de armadilha de pesca — na beira do igarapé, onde logo começou a cair muito peixe. Ceiuci viu os peixes e foi direto, esfaimada, para o matapi, o que deu tempo ao rapaz de entrar na mata.

Ele seguiu correndo, correndo muito, sempre em frente, saltando pedras, esbarrando nos galhos das árvores, mas completamente atento a cada som que pudesse anunciar a proximidade da velha gulosa. Correu, correu, correu muito. Sem parar um só instante, cansado, ainda muito dolorido e marcado por todo o sofrimento que passara, completamente apavorado.

Até que de repente:

— can! can! can! can! — Era o som que tanto temia ouvir, chegando de bem longe...

O índio corria mais depressa, pois pressentia a velha gulosa se aproximando...

— Can! Can! Can! Can!

O som chegava mais perto e...

— CAN! CAN! CAN! CAN!

... Cada vez mais alto!

Desesperado, o rapaz, olhando para todos os lados em busca de ajuda, avistou um bando de macacos em cima de uma árvore. Eles estavam tirando mel de dentro de uma enorme cumbuca.

— Macaco! Me ajuda! Me esconde! Ceiuci quer me pegar!

— Suba logo! — gritaram os macacos.

Eles puseram o moço dentro do vaso e o tamparam.

Logo a velha gulosa chegou correndo, atrás do índio. Olhou pros lados, não viu o moço e foi embora. Nem olhou pra cima.

— Pronto! Ela já passou. Agora vá embora! — disseram os macacos — Não queremos confusão com Ceiuci.

O moço, um tanto refeito depois do pequeno descanso em imersão naquele poderoso líquido, saiu do esconderijo, agradeceu e recomeçou a correr. Correu, correu, correu e foi ficando cada vez mais cansado... Assustado, atravessando riachos, pulando pedras, caindo, levantando, correndo, correndo, correndo, com muito medo. De repente...

— can! can! can! can! — Novamente o som que avisava o perigo...

O grito ameaçador começou a se aproximar outra vez:

— Can! Can! Can! Can!

Cada vez mais próximo. Cada vez mais forte...

— CAN! CAN! CAN! CAN!

Desesperado, procurando onde se abrigar, o índio viu a toca da surucucu. Chamou, suplicando:

— Surucucu! Por favor, me esconde! Ceiuci quer me pegar! Ela vem vindo atrás de mim!

— Entre e se esconda ali naquele cantinho. — disse a surucucu fêmea, sem muito espanto pela chegada do visitante inesperado e mostrando a ele um canto da casa.

O moço obedeceu e se escondeu no fundo da toca. Exausto, já quase adormecia, quando ouviu chegar a surucucu macho.

— Oi, mulher! O jantar está pronto? Estou morto de fome!

— Então pode se preparar, porque melhor que o jantar vai ser a sobremesa que está guardadinha ali — disse a cobra, apontando com a cabeça para o lugar onde estava o homem. — Dê só uma espiada!

Paralisado de medo, o índio fingiu dormir. Depois, aproveitando enquanto as surucucus estavam distraídas, surucucando antes do jantar, escorregou sem ser visto pela abertura da toca, bem na hora em que passava por ali acauã, a coruja-gavião.

— Acauã, acauã, por favor, me ajude! Surucucu quer me comer!!! — implorou.

— Quantas entradas tem a toca? — perguntou a ave.

— Uma só.

— Então saia fora e deixe comigo.

Acauã tratou de enfiar o bico na toca e deu cabo das cobras, sua comida predileta. Enquanto isso, o moço recomeçava sua fuga, selva adentro.

Correu, correu, correu muito, muito mais. Cada vez mais cansado, cada vez com mais medo, cada vez mais fraco... De repente, o som ao longe...

— can! can! can!

Ceiuci estava se aproximando mais uma vez... Seus passos se aceleraram, e ele prosseguiu, caindo, levantando, quase morto de pavor e exaustão.

— Can! Can! Can!

Por mais que corresse, o canto terrível se fazendo ouvir melhor, anunciava que sua perseguidora vinha chegando.

— CAN! CAN! CAN!

Alto, cada vez mais alto! Perto demais!

Correndo, o índio chegou a uma clareira, um campo subitamente aberto no meio da floresta e ali havia um lago muito grande, de águas claras e profundas. Na beira da lagoa, viu um tuiuiú, que estava ali pescando. O grande pássaro branco inclinava elegantemente o pescoço e, com seu longo bico, pegava os peixes um a um e ia colocando, com vagar e precisão, num grande aturá, à beira do lago. Abaixava, pegava o peixe e punha no cesto. Tudo num ritmo próprio, recomeçando o trabalho, sem interrupção.

— Tuiuiú, tuiuiú, me ajude! Me leve com você! Ceiuci quer me pegar!

— Ah! Eu posso te ajudar, mas só quando acabar de pescar. Se você quiser esperar...

Sem alternativa, o rapaz aguardou, ouvindo o som de Ceiuci cada vez mais próximo.

— can! Can! Can! CAN! CAN! CAN!

E, quando tudo parecia perdido, tão perto o som já estava ficando, ele viu, estarrecido, o tuiuiú pôr o último peixe no balaio e se voltar para ele, sem perder a calma.

— Pronto! — disse o tuiuiú. — Sobe no aturá, agora.

Foi a conta exata de o índio obedecer, tuiuiú se inclinar e, se curvando, pegar, com o bico a embira que fazia a alça da cesta, e Ceiuci chegou desabalada, justo na hora em que o pássaro levantava voo. Asas abertas, tuiuiú voou alto...

— CAN! CAN!

— Can! Can!

— can! can!

O canto agora parecia se afastar e deixava Ceiuci lá atrás...

Pelos ares, o tuiuiú, grande e forte, continuava voando majestosamente, cada vez mais alto, bem acima das enormes árvores da floresta. Voo longo, foi levando o moço pra bem longe da velha faminta. Voou, voou, voou... A mata ficou lá embaixo, muito, muito distante...

Até que, depois de um longo tempo, sem qualquer aviso, tuiuiú começou a descer vagarosamente por sobre um largo rio. Pousou à margem dele, num galho de uma árvore frondosa que, reclinado, atravessava por cima das águas abundantes.

— Pronto! Aqui você precisa ficar. Eu devo seguir meu caminho — disse a ave.

O índio saiu do cesto, agradeceu a viagem, desceu e viu o tuiuiú voar novamente, e ir sumindo no céu. Imensamente cansado, o homem sentou à beira do rio e abaixou o rosto, para se lavar e matar a sede. Foi então que viu sua imagem, refletida nas águas: um olhar sem brilho, a pele marcada e uma cabeleira totalmente branca. Ele se deu conta, de repente, do tempo que se passara. Percebeu que gastara toda sua vida fugindo! Sentiu-se muito, muito cansado e abatido. Não tinha mais forças para correr e sabia que precisava de ajuda.

Anoitecia. Era aquele momento em que tudo fica calado, na natureza. O ensaio dos primeiros sons noturnos salpicava a quietude da floresta.

O índio se levantou, subiu pelos galhos e pôde ver lá de cima, na luz mortiça da tarde, por entre as gigantescas copas das árvores, uma nuvenzinha de fumaça se elevando lentamente rumo às nuvens. Desceu e pôs-se a caminhar vagarosamente naquela direção, até que encontrou, numa clareira, uma casinha coberta de palha, no meio de um pequeno roçado. Foi se chegando... Na frente da casa, uma velhinha brigava com uma cotia:

— Sai daí, cotia malvada! Pare de comer minha mandioca! Você não pode destruir minha roça!

Ele parou, só espiando. De repente, erguendo os olhos, a velha viu o moço.

— Ei, moço! Quê que cê tá fazendo perdido nesse mato? Chegue perto! — E olhando melhor: — Nossa! Cê deve tê vindo de muito longe! Parece tão cansado!

O homem se aproximou, e a mulher lhe ofereceu comida. Faminto, ele aceitou e comeu com enorme prazer. Terminada a refeição, a velha quis saber:

— Então, me conte. Que faz por aqui?

O índio começou a contar, devagar, bem de mansinho, voz pouca, como se voltasse lá atrás, enquanto falava:

— Eu era criança, vivia com minha mãe e saí de casa para pescar. Quando eu estava no mutá, em cima do rio, apareceu Ceiuci, a velha gulosa, e quis me pegar. Me mandou os marimbondo, eu resisti; mas, depois, me mandou as tocandira, e eu não aguentei: pulei n'água e ela me pegou com a rede. Ceiuci me carregou pra casa dela, pra me comer e quase que consegue... Quem me salvou foi a filha dela... a moça mais bonita que eu vi na vida! Só que Ceiuci ameaçou ela, se não me entregasse, e tive que fugir. Andei perdido na floresta por muito tempo...

"Uma vez os macaco me ajudaram, mas eles também tinham medo da velha gulosa. Depois pedi ajuda à surucucu e, quando pensei que tinha encontrado segurança, vi que estava era sendo guardado pela cobra, para ser devorado também. Foi acauã que me acudiu e matou as surucucus. Então continuei fugindo, até encontrar tuiuiú, que me carregou no cesto e me deixou na beira desse rio, aqui bem perto. Só agora percebi quanto tempo passou! Sabe, de repente, estou me sentindo muito velho e estou tão cansado!...

A velha ouviu tudo com muito interesse. Então, como que continuando a mesma história, foi falando, seguindo o mesmo ritmo pausado:

— Eu tinha um filho... Um dia, ele saiu pra pescar... E nunca mais voltou.

Aí os dois se olharam emocionados. Foram se aproximando... Sem dizer mais nada, se abraçaram longa e demoradamente. Então, riram juntos, choraram juntos, dançaram e cantaram juntos.

Depois, o índio entrou na casa...

E nunca mais Ceiuci apareceu.

Foi assim que me foi contado. Ou foi assim que eu ouvi.

A transposição

"Ceiuci, a velha gulosa" é uma história de enorme impacto, porque nos põe frente a frente, a um só tempo, com nossa voracidade e nosso desamparo.

O mito conta de *uma criança indígena que vivia com a mãe e, um dia, saiu para pescar.* Este índio, única figura humana masculina da história, é o símbolo do sujeito em busca de sua individuação. A mãe representa a origem, nosso continente primeiro, a totalidade daquilo que precisamos para manter a vida, para nos desenvolvermos. Funde-se, como signo, com a própria casa, o lugar de onde partimos.

Ressalta ao bom ouvinte, logo de início, a ausência do pai, que não é citado em nenhum momento. No entanto, o sair de casa, o movimento de ir para fora em busca de alimento, este desidentificar-se com a mãe mostra que a função paterna foi estabelecida de alguma forma. A mãe da infância, vivida como a Grande Mãe arquetípica, simboliza o mundo todo. Dessa forma, engloba em si mesma o masculino e o feminino e, por isso, se diz que é urobórica, totalizante. *Uruborus* — a imagem circular arquetípica de uma cobra devorando o próprio rabo — simboliza o estado original de inconsciência, de totalidade indiferenciada, quando a criança (menino ou menina) vive ainda identificado com a mãe, e seu ego existe apenas como potencialidade, como algo que virá a se tornar.

Então, voltando à história, encontramos o menino saindo para pescar. Na cultura indígena, a pesca, como atividade masculina, é um aprendizado que segue o modelo paterno. A mulher exercita as tarefas do fiar, do tecer, da produção da cerâmica, dos trabalhos executados perto da casa. Ela é a inauguradora da agricultura, a roça que requer cuidados cotidianos. O homem sai, caça, defende e amplia os limites de seu território.

Esses costumes confirmam a tese psicanalítica de que a função paterna aponta para o mundo. É ela (a função do pai) que cria o terceiro ponto, formador do triângulo, impedindo o aprisionamento linear mãe/filho, que imobiliza e adoece psiquicamente. O pai, ou aquilo que o representa, é o terceiro ponto da relação que, pelo simples fato de existir como referência, constrói o triangulamento, trazendo a possibilidade de que surja um espaço interno. Esta é a área onde se dá o novo, o lugar potencial da criatividade, o *playground*[9] de que nos fala a psicanálise.

Nos contos de fadas, é comum a existência do personagem heroico que se ausenta do lar, afastando-se de sua família de origem. Muitos são os motivos que as histórias apontam para este afastamento.

Há os que se entregam ao desejo simples e excitante de correr o mundo em busca de aventuras. Outros saem em busca de um objeto mágico, que promoverá uma determinada cura ou dará ao jovem o direito à donzela desejada, ou de meios de sobrevivência. Ainda há os que almejam fazer fortuna para a família ou aqueles que simplesmente rejeitam temporariamente o grupo familiar ou são por ele rejeitados.

De modo semelhante, nas histórias de iniciação espiritual de diferentes culturas, há também um tempo de exílio imposto ao iniciante, vivido em solidão e privação, até o momento da iluminação, que pode ser comparado ao encontro com a origem do próprio ser de cada um.

Em qualquer desses casos, o estágio da infância se encerra com a partida. O período de dependência da *mãe-lar*, como fonte de satisfação de necessidades e de proteção irrestrita, está terminado e, dali por diante, serão as lembranças dos cuidados recebidos no passado que fortalecerão o herói e o farão suportar o medo e os sofrimentos.

Mas toda transposição implica passar por um *portal*. O portão, a porta e o dólmen[10] — portal de três pedras — como símbolos de passagem representam o *sair de*, que é sinônimo de nascer. No caso deste mito, o espaço da casa, como local sagrado, é deixado, transposto, para que se cumpra a história do homem como indivíduo, como sujeito. Neste ponto, inicia-se o principal aspecto abordado por este mito: o do homem em busca de si mesmo.

O índio caminha até a beira do rio. Ali, uma árvore frondosa tem um longo galho, que se debruça sobre a correnteza. A árvore protetora também é um símbolo recorrente em mitos universais. Sob árvores acontecem processos de iniciação individual, e elas, *sacralizadas*, tornam-se marcos de metamorfoses. Vegetal composto de partes com diferentes funções, a árvore representa o sistema completo de eterna transformação da energia vital. Desde a raiz que prende vigorosamente aquele ser vivo à terra, passando pelo caule que lhe dá suporte e serve de caminho para a alimentação, estendendo-se verticalmente como estaca em direção ao céu, continuando pelas folhas que intercambiam o efêmero fazendo, pelo processo de respiração que promovem, a troca contínua com o meio ambiente, até os frutos — continentes das sementes, as reiniciantes do ciclo da vida —, toda a árvore (madeira, alimento, seiva, sombra, suporte) é só doação e generosidade. Ela é o próprio exemplo e símbolo do servir, do entregar-se, do integrar-se ao Todo.

Já o rio pode ser pensado como símbolo da própria essência vital: o eterno fluir. Então, como portal, o braço da árvore seria a ponte entre dois estágios, interligando dois mundos. De um lado, o campo da casa materna, do tempo da infância. Do outro, a floresta, o mundo desconhecido da vida adulta, dos riscos, das descobertas, dos encontros. Na mitologia indígena brasileira, quando se trata do espaço entre a vida e a morte, aparece, comumente, um rio ou um lago e, para atravessá-lo, uma ponte, que pode ser um tronco, uma cobra ou um arco-íris. Na verdade, estes são símbolos universais e estão presentes também em outras mitologias. A ponte marca sempre a transição, o momento da passagem. Deixar uma etapa da vida é morrer para ela e começar novo caminho. Por isso se diz, também, de muitas vidas, que seriam os diferentes ciclos e processos por que passamos, ao longo desta mesma existência terrena.

Na beira do rio, o índio, ainda menino, protege-se subindo ao mutá, uma espécie de plataforma suspensa, que lhe permite ver, sem ser visto, caçar ou pescar, em segurança. Ele quer observar, ver do alto, ter uma outra perspectiva, uma supervisão do espaço de onde vai tirar alimento. Aprendeu, nos costumes da cultura em que vive, a usar essa técnica que lhe permite se sentir seguro e o coloca numa posição superior em relação à presa, o objetivo que almeja. Subir a montanha é um termo comum, herdado das culturas orientais, que pode ter esta mesma significação: distanciar-se um pouco do objetivo para ver com mais isenção, com menos possibilidade de erro, a que a proximidade excessiva às vezes nos expõe. Podemos pensar, também, esta almejada segurança como preservação das fronteiras entre fantasia e realidade. Entre o eu e o outro. Entre desejo e necessidade. Aprendizado longo, exercício cotidiano, na vida, como no mito, etapas contínuas, várias correções de rota.

O índio está pescando, imerso na quietude da floresta, quando aparece Ceiuci, descendo por um igarapé. O igarapé, braço de rio, quase uma nascente entre as folhagens, é água que brota e traz, à tona, a força do *rio-abajo-rio*,[11] um riacho que de repente se faz, à flor da terra. É como se um dos aspectos da vida — o emergir — representasse a própria pulsão. E por esse caminho passante — caminho que anda — vem Ceiuci, com sua fome insaciável.

Como surgiu a velha faminta

Cêiucy ou Ceuci é o nome da mãe de Jurupari, a virgem que engravidou comendo cucura do mato ou purumã, uma frutinha silvestre de cor vermelha. Conta o mito que o sumo lhe escorreu pelos seios e entranhou-se entre suas pernas. Logo, seu filho, Jurupari, nasceu de uma virgem, como tantos outros legisladores de mitologias estrangeiras. Para os indígenas ancestrais, que não conheciam ainda o papel masculino na fecundação, virgem era a menina que ainda não fora visitada pela jacy-tuí ou caminho da lua, como era chamada a menstruação.

Diz-se que Jurupari veio ao mundo como emissário do sol, para mudar os costumes, para transformar as leis do matriarcado, dominantes naquela época, e devolver o poder aos homens, que estavam fracos, sentindo-se impotentes. Jurupari veio trazer novas leis que recuperassem o equilíbrio das relações entre homens e mulheres. Para compensar o poder feminino de gerar e parir, envolto no mistério indecifrável da origem da vida, que os homens tanto temiam, o legislador instituiu rituais de música e dança, exclusivamente masculinos, e trouxe novos instrumentos musicais, que só os homens podiam conhecer. Mulheres e crianças foram proibidas de participar dessas cerimônias iniciáticas.

Segundo uma das versões do mito de Jurupari, as mulheres, curiosas, querendo conhecer o segredo masculino, seduziram Ualri, um velho índio, que lhes contou onde ficava o esconderijo dos instrumentos. Numa outra forma em que a mesma história é narrada, elas agiram sozinhas, mas o desfecho é o mesmo nas duas versões: como castigo, as mulheres bisbilhoteiras foram mortas, e Ceiuci, a mãe de Jurupari, uma das transgressoras, foi transformada, pelo filho, na mais bela estrela da constelação das Plêiades ou Setestrelo, que significa, também, *velha gulosa*. Dizem alguns que o espírito de Ceiuci, não podendo acompanhá-la ao céu, transformou-se num tipo de coruja. Outros pensam que, na Terra, ela se apresenta como uma espécie de feiticeira indígena, que vive perseguida pela fome.[12]

As Plêiades têm para os índios da nação Taulipang uma importância relevante na determinação das estações do ano, indicando o tempo dos trabalhos de plantio. Quando elas desaparecem no Oeste, principia a época das chuvas. Ao reaparecerem no Oriente, anunciam a estação seca. Por isso se usa falar de *ano pleiadar*.[13]

Essa relação com o ciclo da plantação, em ligação direta com a alimentação do ser humano, enfatiza o significado de incorporação contínua, simbolizada por Ceiuci,[14] a velha gulosa.

Voracidade e fome

Voracidade é uma fome que dá origem a mais fome. Segundo os princípios da psicanalista inglesa Melanie Klein, a voracidade baseia-se em uma forma de introjeção executada com raiva.

A violência da incorporação oral, envolvendo o morder, cria a fantasia de destruição do objeto. Isso pode resultar numa sensação de insatisfação, como se o objeto, uma vez posto para dentro em pedaços, perdesse seu valor e, pior que isso, se transformasse em perseguidor interno vingativo, como resposta ao ataque que sofreu. Daí a provocação de novos ataques orais, como defesa reativa.

Esse processo, em determinada etapa do desenvolvimento, dá origem a uma fome cada vez maior de objetos bons a fim de aliviar o estado interno de desconforto causado pela dominância de objetos maus, de ódio e de impulsos destrutivos. Nesse contexto fantasioso de perseguição, a fome conduz a formas violentas de introjeção e ao medo em relação aos objetos destruídos dentro de si (consumidos por objetos maus e impulsos maus, internamente mobilizados).

O resultado final desse processo pode ser uma inibição dos impulsos orais, destinada a poupar os objetos pelos quais se sente apetite. Isso pode conduzir a um estado de anorexia e/ou à sensação de um mundo interno esvaziado.

A voracidade tem, assim, estreita relação com a inveja, pois busca pôr para dentro aquilo que a inveja pôs fora. Ou seja: num primeiro momento, o sentimento de inveja identifica o objeto bom, num movimento de admiração. Admirar é ver à distância — de fora — e, pelo afastamento, favorece a cisão do objeto em duas partes: objeto bom e objeto mau. Quem inveja só vê o aspecto bom do objeto, este mesmo aspecto que, através da voracidade, tentará incorporar — pôr para dentro.

Melanie Klein afirmou que a inveja tem origem inata, constitucional, nasce com a gente, portanto. Mas, ao mesmo tempo em que ela, sem dúvida, promove ataques destrutivos às fontes de vida, tem como consequência desse mesmo movimento, em uma de suas mais remotas expressões, o desejo da criança (de ambos os sexos) de se introduzir no corpo da mãe, como forma de saber sobre a potência geradora daquilo que lhe deu origem. Esta é a explicação psicanalítica do início do desejo de conhecimento em todo ser humano.

É possível, então, que Ceiuci simbolize a devoradora, a insaciável, exatamente porque foi punida violentamente pela curiosidade (quando quis saber dos instrumentos de Jurupari), uma forma inicial de demonstrar o desejo pelo conhecimento. Figura mitológica, meio humana, meio fera, ela não é selvagem, é braba.[15] Ser braba é um aspecto reativo, derivado da repressão violenta do impulso de vida, que ao se libertar transforma-se em compulsão destrutiva. Por isso, a velha gulosa não discrimina o que vê e tem sempre tanta pressa, uma urgência que a faz se confundir com a projeção, com aquilo que é apenas reflexo da imagem real.

Ao ver no espelho d'água a imagem projetada do índio, julga-o submerso e joga a tarrafa, para tentar capturá-lo. A tarrafa simboliza a rede, a teia, a trama, o que pode imobilizar para permitir matar. Faz lembrar as histórias populares da aranha como animal voraz e ardiloso. Uma delas em especial, "A aranha e o quibungo", é contada assim:

A aranha e o quibungo

Contam que aconteceu uma seca terrível, e os bichos ficaram sem ter o que comer. Sobrou apenas uma árvore com muitas frutas maduras e bem docinhas que atraíram todos os bichos. A aranha-caranguejeira também quis ir até lá, mas como no caminho tinha um rio largo, ela precisou pedir ajuda. Vendo passar o urubu, arriscou:

— Urubu, me ajuda a atravessar?

O urubu, solícito, aceitou carregar a aranha nas costas e quando chegou do outro lado, ao pé da árvore, depois que a carona desceu, ele foi comer uma fruta. A aranha, mais que depressa, o interrompeu:

— Essa não, urubu, essa eu vi primeiro! É minha!

Boa-praça, o urubu respeitou o desejo da aranha e foi pegar outra fruta.

— Essa também não, urubu! Eu também já tinha escolhido essa!

E assim foi, de fruta em fruta, até que o pobre urubu desistiu de comer e foi embora com a barriga roncando. A aranha encheu bem a pança e, quando quis voltar para casa, percebendo que estava sozinha, desatou numa choradeira na beira do rio.

— Ahhh! Pobre de mim! O urubu me abandonou aqui e eu não sei nadar! Uáááá!

O jacaré, que estava deitado na margem, esquentando o finzinho do sol, convidou:

— Olha, comadre aranha, essa noite a senhora dorme lá em casa e amanhã cedo meus filhos a levam até o outro lado.

Mais que depressa, a aranha aceitou e, bom anfitrião, o jacaré mandou os jacarezinhos prepararem um cantinho para a aranha descansar. Eles quiseram dar a ela o melhor lugar e a puseram para dormir no ninho da mãe jacaré, junto com os ovinhos. Antes de se recolher, a aranha, exigente, ainda pediu:

— Veja bem, compadre jacaré, preciso chegar cedo em casa. Mande seus meninos me atravessarem bem cedinho.

Depois de todos acomodados, a aranha começou a comer os ovos. Ouvindo o barulho das casquinhas se quebrando — paco! —, as crianças acharam que eram puns que a visitante soltava e riam, dizendo:

— Bufa de hóspede, pai!

O jacaré, severo, ralhou com eles:

— Tenham modos, meninos! Deixem dona aranha dormir em paz!

E assim foi, a noite inteira: ovos partidos, barulhinhos surdos, risadas e broncas. Até que, de manhãzinha, depois de comer todos os ovos, a aranha cobrou a promessa de ser levada de volta. Apesar de insistir que ainda era cedo, o jacaré deu ordem aos filhos de atravessarem a comadre aranha, cumprindo sua promessa.

Partiram eles e já estavam no meio do rio, quando o pai, indo até o ninho corujar os ovos, descobriu a proeza cruel da hóspede ingrata. Correu até a margem e berrou para que os jacarezinhos a trouxessem de volta. Vendo, de longe, o pai gritar tanto, os meninos queriam dar meia-volta, mas a aranha dizia:

— Que nada! Ele está só mandando vocês andarem mais depressa, pra eu chegar logo e vocês voltarem pra casa.

Os jacarezinhos até que ouviam o pai, mas, sem entender direito o que estava acontecendo, acharam que a aranha tinha razão e, assim, chegaram à outra margem. Bem depressinha, a aranha pulou na terra e se escondeu no mato.

Muito depois e só quando percebeu que tudo estava calmo, ela saiu de mansinho. Chegando à beira do rio, encontrou o quibungo, um tipo de macaco peludo, muito feio, que tem um buraco nas costas, feito um papo, onde guarda a comida.

Pois bem, o quibungo estava ali pescando: pegava os peixes e jogava dentro daquele saco. A aranha veio por trás dele, bem devagarinho e, sorrateiramente, foi comendo todos os peixes que o quibungo atirava.

Quando acabou de pescar e foi pegar os peixes nas costas, para comer, o quibungo não encontrou nenhum. Foi aí que viu a aranha e partiu pra cima dela, bem zangado:

— Ah, aranha! Você pegou minha comida! Me devolve ela!

— Eu não, quibungo, eu não peguei seus peixes não!

Mas o quibungo não era fácil de convencer. Eles estavam assim, discutindo o foi-não-foi, quando a aranha viu um juriti passar voando e, rápida, disse bem alto:

— Juriti, juruti! Se eu não te tivesse feito tão bonito, você não ia estar voando tão prosa assim!

O quibungo, surpreendido e cheio de uma vontade secreta de ser menos feio, se deixou enganar e, esquecendo a briga, perguntou:

— Dona aranha, a senhora sabe fazer gente feia ficar bonita? Sabe mesmo?

— Claro que sei!

— Então faz isso por mim! Ah, como eu queria deixar de ser tão feioso!

— Está bem. Vem comigo.

E o quibungo acompanhou a aranha, que foi andando na frente, determinada.

— Olha, está vendo aquele roçado? — disse ela. — Experimente aqueles tocos de pau e escolha um, bem resistente.

Assim que o tolo cumpriu essa ordem, a aranha aprovou o material recolhido e continuou:

— Agora enterre bem o toco no chão.

O quibungo executou a tarefa. A aranha fiscalizava:

— Tá pronto? Bem firme? Bom! Agora arranje bastante cipó, do mais grosso que tiver.

E o quibungo foi obedecendo. Logo voltou carregando um monte enorme de cipó, daquele tipo bem grosso, tão forte, que dá pra segurar uma boiada inteira.

— Ótimo! Agora se encoste bem no toco pra eu te amarrar e poder fazer você ficar bonito. Pra isso acontecer direito, você tem que ficar bem seguro! — disse a aranha.

Ela começou a amarrar o bicho no pau, enrolando o cipó em volta dele, com todo capricho.

— Muito bom! Parece que já está bem firme. Experimente se mexer. Faça força, vamos! — continuou, conferindo e dando ordens.

O quibungo fez todo o esforço que pôde, até ficar arroxeado, e seu corpo não se mexeu nem um tiquinho. Aí a aranha deu um risinho malicioso, puxou uma faquinha bem afiada e começou a cortar pedacinhos do infeliz, fatia por fatia; e ia se deliciando em ir comendo, assim, aos pouquinhos, o bicho vivinho.

Não adiantou o quibungo gritar até perder as forças. A aranha encheu o bucho e foi embora. No dia seguinte, lá estava ela de novo e continuou comendo, lasquinha por lasquinha. E assim foi, dia após dia, até deixar o quibungo só nos ossos.

Bem que, quando a aranha não estava por perto, o quibungo, já quase desfalecido, pedia ajuda aos bichos que passavam. Acontece que, como ele tinha fama de bicho-papão, os outros se recusavam a soltá-lo, dizendo que, depois de solto e refeito, ele ia querer comer os filhotes deles.

Até que passou, por ali, o cupim. O quibungo tanto implorou e o cupim tanto negou que o infeliz, quase sem vida, acabou jurando nunca mais comer os cupinzinhos. Aí o cupim, acreditando nele e sem poder resistir mais à pena que sentia, vendo aquele animal tão acabado, juntou uns companheiros para roerem os cipós e libertarem o quibungo, nessas alturas, já mais morto do que vivo. Mesmo assim, ao se ver livre, o pobre coitado sentiu toda aquela raiva guardada se transformar em nova energia, desejou desforra e saiu em disparada à procura da aranha. Mas esta já estava longe, provavelmente aprontando outras...

Tempos depois, voltou a acontecer o tempo da seca. O quibungo, apesar de já recuperado, não conseguia esquecer o que acontecera. Resolveu, então, fazer plantão na beira da fonte, onde os bichos iam beber água, pra pegar a aranha, quando ela se aproximasse com sede. Só que a aranha também tinha boa memória. Imaginando que estava sendo esperada, se disfarçou, cobrindo o corpo com o couro vazio de um veado que morrera de sede. Enfiou-se debaixo da pele ressecada e foi, meio se arrastando, manquitolando pra lá e pra cá, até a água. O quibungo, dando de cara com aquele veado tão desconjuntado, quis saber:

— Amigo veado, o que aconteceu com você, que te deixou desse jeito?

— Ah, meu caro quibungo! Foi a caranguejeira, aquela maldita! — disse a aranha, fingindo voz trêmula de um veado maltratado.

— O quê? A aranha-caranguejeira? Ela pegou você também? Nem posso te contar o que essa peste fez comigo! Mas, quando eu topar com ela, ainda vou me vingar, você vai ficar sabendo! — prometeu o quibungo.

— Pois conte com minha ajuda, se eu estiver por perto! — garantiu, mentirosa, a aranha/veado falso.

E tratou de beber logo a água e de ir saindo de fininho, disfarçada de bicho moribundo. Quando estava distante o suficiente para não correr risco, jogou fora o couro, subiu no galho mais alto de uma grande árvore e se exibiu, gritando, triunfante:

— Olhe só, quibungo! Sou eu!

O quibungo, indignado, quase louco de tanta raiva, ainda tentou alcançá-la, mas não conseguiu.

E foi assim que a aranha escapou mais uma vez...

Entre teias e tramas

É este perfil de imobilizadora e devoradora, com que se identificam algumas mulheres ao estabelecerem relações de controle na tentativa de se apropriarem de um poder atribuído comumente ao homem, que as faz serem denominadas *mulheres-aranha*.[16] Em nossa sociedade ocidental, é bastante comum as mulheres serem apontadas por desempenharem esse papel, pois, no afã de se tornarem extremamente eficientes como mães, donas de casa, esposas e até como profissionais bem-sucedidas, incorporam o aspecto mais negativo da Ceiuci: o da

40

velha gulosa, aranha faminta que quer manter tudo sob controle (por insegurança, é claro). Assim, não hesitam em se alimentar da energia alheia, blefando poderes que nem têm de fato, e acabam por se transformar em megeras cruéis.

Mesmo no passado, quando, antes do movimento feminista, as mulheres pareciam conformadas ao papel de rainha do lar, elas muitas vezes faziam desse lugar o espaço de manipulação de filhos e maridos, à custa, é claro, de se manterem presas à teia tecida e retecida diariamente, às tarefas sem-fim que elas mesmas supervalorizavam para justificar suas próprias vidas desperdiçadas.

Hoje, as mulheres continuam assumindo, como suas, as funções domésticas, o que se evidencia ao chamarem de *ajuda* a participação de filhos e maridos neste trabalho, quando e se tal parceria acontece. E, ao lado destas funções, desempenham outras tantas atividades externas, outrora atribuídas exclusivamente aos homens. A tudo isso, junta-se ainda a fantasia de terem de se manter eternamente jovens e belas, como deusas imortais. Qual Aracne, algumas mulheres precisam provar continuamente sua superioridade e acabam envolvidas nesse enredar sem fim.

Diretamente da antiga fonte grega de mitologia, Ana Maria Machado[17] conta-nos uma versão da história de Aracne, uma jovem especialmente talentosa na arte do bordar. Sendo uma excepcional fiandeira, ela se negava a admitir ter recebido este dom de Atena. Deusa da sabedoria, Atena nascera não de uma divindade feminina, mas da cabeça de Zeus, seu pai, num parto promovido por Héfeso, o deus do fogo. Mas, mesmo frente a tal poder, Aracne "se sente capaz de desafiar a divindade para um concurso de tecelagem, no qual não apenas tece melhor do que Atena, mas tem a suprema ousadia de usar o quadro da tapeçaria que produz para ilustrar os crimes cometidos pelos deuses contra as mulheres". Trazendo à luz aquele segredo patriarcal, denuncia publicamente a submissão feminina e, por tal ousadia, é condenada por Atena, que a transforma em aranha. Daí por diante, submetida à maldição da oponente, Aracne passa a ficar eternamente presa, enredada num fiar sem fim. Embora pareça voar, quando se lança no espaço, na verdade estará sempre ligada ao fio que fabrica e do qual depende para sobreviver, sem poder gozar jamais da liberdade, em nome da qual se expôs, ao enfrentar a deusa Atena.

Qual Aracne, na trama criada pelo ressentimento e amargura por suas vidas desperdiçadas, algumas mulheres tornam-se eternamente insatisfeitas, julgando-se injustiçadas. É essa herança maldita de sentimentos deformados que transferem para as filhas, interrompendo a cadeia matrilinear de espontaneidade e prazer, dedicação e desprendimento que seria o legado da Ceiuci original, a índia amorosa e encantadora.

Mas Ceiuci apresenta ainda uma outra face, quando usa a máscara sedutora e se apresenta *como avó bondosa, chamando o índio de meu neto*. Nesse momento do relato, é impossível não nos lembrarmos da clássica história de João e Maria, com a casa da bruxa, disfarçada de casa da vovó. No mito da velha gulosa, ao ser contrariada, Ceiuci deixa cair o disfarce: ameaça, intimida, ataca e se mostra como bruxa má. Assume, dessa forma, o aspecto que lhe é mais pregnante: o do feminino terrível — o feminino destrutivo, que pertence ao caráter elementar negativo da Grande Mãe, assim descrita por Erich Neumann:

Essa mulher, que gera vida e todas as criaturas vivas que há sobre a Terra, também é, ao mesmo tempo, aquela que devora e traga suas vítimas, que as persegue e aprisiona com laço e rede. A doença, a fome e a necessidade e, sobretudo, a guerra são seus ajudantes; as deusas da guerra e da caça, entre todos os povos, expressam a vivência da vida para a humanidade: um feminino ávido de sangue.[18]

Ceiuci, como mãe terrível, é um dos aspectos da Grande Mãe, o arquétipo primordial. Ela simboliza a mãe má: que prende, ameaça, castra. Na Índia, este aspecto negativo é personificado em Kali — as trevas, o tempo que tudo devora — a senhora coroada de ossos do reino dos crânios, que é, ao mesmo tempo, a deusa da sexualidade, parceira favorita de Shiva para seus jogos eróticos.

Em nosso mito, a contrapartida, o aspecto positivo, complementar, será representado pela filha da velha gulosa que salva, protege, gera amor, funções da mãe boa.

Os dois aspectos são fundamentais para a existência da vida, como potencial criativo. De forma análoga, em algumas culturas, acredita-se que, nas oferendas, a terra se nutre de sangue para se revitalizar e oferecer nutrição, colheita. Daí o significado dessa troca cerimonial: ela tem a função de intercâmbio contínuo com a grande deusa da vida, morte/vida, a deusa da eterna transformação.

No interior do Brasil, nas zonas rurais, diz-se que a terra agradece. O que quer dizer que, quando se *alimenta* o solo com água, adubo orgânico e nutrientes, ele retribui com produtos agrícolas, tornando-se fértil, em reconhecimento pelo que recebe.

Há notícias de mulheres de certos grupos indígenas que deixam cair, no solo ou na água corrente, o sangue da menstruação como fertilizante, costume que talvez possa ter comprovação científica. Observadores atestam que esse sangue, rico em hormônios, parece, de fato, contribuir para acelerar o crescimento dos vegetais, nascidos na terra onde é derramado.

Com a evolução dos valores patriarcais, vividos através das divindades masculinas da luz e do sol, da qual Jurupari é um exemplo, o grande feminino negativo foi rejeitado e hoje passou a ser considerado conteúdo apenas de eras primevas ou do inconsciente. No entanto, a tentativa de negá-lo, execrando-o do campo da consciência, enfraquece e desequilibra não só o feminino na sua totalidade, mas, consequentemente, a capacidade criativa e a vida em geral.

O rio, como já vimos, simboliza o fluir. Dessa forma, pode ser visto como útero, espaço vital, o grande oceano da origem da vida, continente da fecundidade, já que se sabe que os peixes e todos os animais aquáticos são os descendentes diretos dos primeiros seres vivos que existiram em nosso mundo.

A fecundidade e a força vital são elementos ligados à feminilidade positiva. Sob esse ângulo, os lábios da vagina são pensados como boca, e esta é vista como um útero superior de onde nascem as palavras, característica diferencial entre o ser humano e os demais seres vivos. A linguagem oral vai surgir por meio da respiração, que inaugura a vida extrauterina. É o primeiro movimento humano de incorporar e de expelir, de pôr para dentro e para fora.

Em sentido oposto, nos aspectos da feminilidade negativa, a vagina é vista como boca dentada destruidora — *vagina dentata* — e, sob essa perspectiva, o útero adquire o aspecto funesto de vaso mortal.

Neumann cita a existência de mitos indígenas em que aparece um peixe carnívoro assentado na vagina da Mãe Terrível. Entre nossos índios, localizo a história de Poronominare. Este mito conta de um herói, também transformador da cultura, uma entidade meio humana, meio divina, parida por uma índia virgem, que fora fecundada pela mordida de um peixe.

Nas mitologias, de modo geral, herói é o que vence a Mãe Terrível (mitológica), aquele que consegue arrancar-lhe os dentes da vagina, tornando-a mulher, receptiva e acolhedora. Seguindo esta simbologia podemos concluir que sermos capazes de reconhecer e integrar os aspectos da feminilidade negativa, permitindo que se desenvolvam preferencialmente os seus aspectos positivos, ligados à capacidade de criar e reparar, é o processo de crescimento psíquico desejável, garantidor de equilíbrio dessas forças opostas e constituintes de nosso psiquismo.

Além disso, Ceiuci, como Cronos, representa também o próprio tempo, pois está sempre engolindo e destruindo tudo. Nesse caso, ela é a representação da morte.

E é este é o aspecto mais assustador da voracidade: fazer-nos entrar em contato com a morte, que existe latente em cada um de nós, desde o momento em que fomos concebidos: encontrar e aceitar o legado de finitude que nos traz a nossa própria Ceiuci.

A travessia

Nesse ponto, começa a primeira etapa de iniciação que, nas sagas dos heróis, é vista como rota na busca da individuação. Através do mundo inferior, das trevas, ela segue o caminho do sol, da iluminação. Todo processo iniciático exige ritos de passagem que, no caso dos homens indígenas, são provas de força e coragem.

Ceiuci expõe o índio a dois grandes sofrimentos. Primeiro os marimbondos vão atacá-lo, em enxame violento. Eles voam, rapidamente chegam ao alto do mutá, lugar que parecia ser de proteção indubitável. Fazem o indiozinho se sentir vulnerável e se perceber sozinho.

Esses marimbondos citados na história são provavelmente da espécie conhecida como marimbondo-caçador, vespa-caçadora ou vespão. O homem da roça sabe que eles são caçadores eméritos e valentes e criou uma simpatia: o grande inseto, torrado e reduzido a pó, é dado aos cachorros para aguçar-lhes o faro e torná-los bons caçadores. Logo, na história da velha gulosa, os marimbondos poderiam ser os farejadores alados de Ceiuci.

O menino se defende com folhas, lutando com astúcia, bravura e determinação. Aparece, assim, a primeira alusão aos poderes das folhas, que serão usadas como defesa em outras passagens do mito, ora como ferramenta, ora como instrumento mágico, ou como matéria-prima desses objetos simbólicos.[19] No entanto, o reconhecimento das qualidades heroicas do menino só faz irritar mais *a velha gulosa*, que *envia as tocandiras para atacarem o índio.*

Formigas terrestres, devoradoras e muito agressivas, não é raro encontrar as tocandiras sobre árvores. Confirmando o caráter iniciático do flagelo pelo que o indiozinho passa, vale lembrar que sua ferroada é extremamente dolorosa e seus efeitos perduram por horas seguidas, provocando calafrios e até vômitos na vítima. Só ao cabo de um ou dois dias, os sintomas vão cedendo, aos poucos. Sabe-se que mesmo valentes adultos são subjugados pela dor cruciante infligida pela picada dessa terrível formiga.

Resistir à dor das ferroadas das tocandiras era uma das provas tradicionais nos ritos de iniciação de adolescência dos jovens índios. Passar com dignidade por essa provação dava ao rapaz o reconhecimento público de sua aptidão para o casamento.[20] Terminada a prova, a moça que fosse a candidata a ser sua esposa era encarregada de retirar a luva cheia de tocandiras, presa ao braço do rapaz. A partir daí, o guerreiro não podia continuar solteiro, e o casamento tinha de ser efetuado logo.

O curioso é que contam que a tocandira é um bicho nascido das cinzas de Ualri,[21] o velho que contou o segredo dos homens às mulheres. Como castigo por sua traição, foi queimado vivo. Diz-se, ainda, que a tocandira não ataca mulheres grávidas, que sua ferroada deixa de doer quando lavada com a urina de um indivíduo de sexo diferente, e, na falta da urina, com a água usada na lavagem das suas partes sexuais. É dito, também, que a cópula produziria o mesmo efeito, aliviando igualmente aquela dor violenta. Com tantas referências ligando aquela formiga à atividade sexual, faz sentido pensar na escolha da prova da tocandira para testar o adolescente em sua entrada para a vida adulta, na dominância da fase genital.

Na história de Ceiuci, *o menino perde a luta, se atira na água* e, ali, se torna indefeso como um bebê. Após cada etapa de iniciação, um renascimento. Embora o índio já tenha demonstrado sua bravura, não tem, por enquanto, força suficiente. Não está pronto ainda. Deve prosseguir seu caminho iniciático. *É capturado* e, dentro da rede, vira *caça*, presa.

Segurando o prêmio conquistado, *Ceiuci, sobe o rio, fazendo o percurso de volta a sua casa, na floresta*. Lá, ela vive com a filha, que, como já observamos, simboliza o outro aspecto do feminino, o lado positivo, protetor.

A velha gulosa, no entanto, quer trabalhar sua caça, torná-la ainda mais saborosa e menos perecível, talvez para comê-la aos pouquinhos, como faz a aranha com suas vítimas. O fogo surge, aqui, como o elemento transformador que, ao secar a carne, permite sua conservação.

Ceiuci precisa armar um moquém para assar aquilo que deseja comer. Sai em busca de lenha, o que faz com que, momentaneamente, abandone o que caçou, expondo o fardo à curiosidade da filha. É exatamente o preparo desse ritual de transformação que dá, ao índio, o tempo de se salvar. Quando Ceiuci deixa, por um momento, de ser apenas um ser selvagem — que ingere a comida ao natural — e se inscreve no padrão cultural humano — que transforma o produto para comê-lo depois —, ela se expõe ao risco de perder sua presa.

Lévi-Strauss, nos estudos publicados nas *Mitológicas,*[22] mostra que *cozinhar* é esperar; respeitar o tempo do cozimento é amordaçar a impaciência, saber adiar, entrar no cultural, ao preço de se afastar do estritamente natural. Acender o fogo é o primeiro gesto próprio da espécie humana, diz ele. Ceiuci, humanizando-se, começa a perder seu poder de selvagem, de um ser totalmente integrado à natureza.

A filha, que é jovem e curiosa, *estranha o comportamento atípico da mãe,* já que normalmente não existia segredo entre elas. Isso lhe aguça a curiosidade de ver o objeto de desejo da mãe. *Admira-se: ali está o moço mais bonito que ela já viu!* Arrebatada por um sentimento apaixonado, decide salvá-lo. *Vai então escondê-lo no lado contrário do quintal.* Assim, sua atitude é de oposição à da mãe. Ela, a moça, assume, neste momento, toda a extensão da presença da pulsão de vida: eros.[23]

Na tentativa de enganar Ceiuci, *ela cobre um pilão com cera e modela um corpo humano*. Essa construção, essa encapagem do pilão faz pensar no aspecto protetor da *persona*, que tem, para todos nós, a função de máscara, permitindo-nos interagir na vida social e ganhar tempo para o fortalecimento do ego. Assim como a forração de cera esconde o pilão, protegendo o jovem índio, a *persona* protege o verdadeiro *self* — nosso eu mais profundo — quando, mesmo tendo potencialmente força e vigor (como aquele índio), é ainda latente e rudimentar, no início de nosso desenvolvimento.

Depois *Ceiuci volta com a lenha para armar o mutá e acende o fogo*. Nesse ponto, é possível identificar um aspecto masculino da *persona*gem da velha gulosa. Algo como um *animus* ativo, mas não integrado. Como personificação psíquica do princípio masculino na mulher, o *animus*, para não se tornar negativo, provocando atitudes de rigidez e agressividade mal dirigida, precisa ser integrado à personalidade como um guardião, favorecedor da capacidade de consciência e do pensamento lógico.

Vale ressaltar que, entre os indígenas, é atribuição de homens assar a carne no fogo, sem usar panelas ou outros recipientes. As índias, por sua vez, costumam cozinhar em potes de barro. Interessante lembrar que, até hoje, em nosso meio, a prática de fazer churrascos continua a ser atividade prioritariamente masculina.

Fogo aceso, a velha gulosa, novamente levada pela voracidade, mas já um tanto afastada de seus instintos mais aguçados, se ilude (porque tem pouca atenção), limitando-se à aparência das coisas. O fardo pesado a faz pensar no prazer que terá com a quantidade de alimento que devorará em seguida. Entusiasma-se. Orgulha-se de sua astúcia. Logo depois, *ao se deparar com a madeira do pilão à mostra, sob a cera derretida, compreende o que aconteceu e fica furiosa. Ameaça imediatamente a filha* e aí se estabelece o confronto entre duas forças opostas, de origem comum: morte e vida se enfrentam.

A jovem, prudente, sabe que precisa tomar cuidado. Ela não é ingênua. Sabe diferenciar o bem do mal, e é capaz de escolher ser inocente, optando pelo bem. Usa de astúcia para ganhar tempo e, em plena juventude, tem intacta a força da presença feminina criadora, representada por sua sensibilidade e agilidade física.

Assim a moça alcança o jovem escondido no mato e, com o trançado das palhas, inventa uma forma de proteção temporária. Novamente aparece a trama, o tecer feminino. Aqui, ao invés de prender e imobilizar, esse movimento ajuda a salvar, porque traz em si a capacidade de transformar. Aqueles trançados vazios, continentes potenciais, tornam-se alimentos para aplacar a fúria voraz de Ceiuci. Novamente isso se dá por meio das folhas. O uso da folhagem da palmeira simboliza a inter-relação entre flora e fauna, representada pelos cestos que viram animais para dar de comer ao lado animalesco da velha gulosa. E, através do restabelecimento dessa cadeia alimentar natural, o índio consegue ter tempo suficiente para fugir.

Se pensarmos que o Brasil do descobrimento era Pindorama, a terra das palmeiras, essa alusão ao vegetal como protetor, com diversas utilidades (as folhas e a palha que também se tornam matapi e aturá), parece um signo da valorização de nossa flora em todo seu potencial e da poderosa integração com o mundo animal. Gastão Cruls[24] observa que a palmeira foi para o índio amazônico o mesmo que o bisão para o pele-vermelha da América do Norte. Dela, os aborígines extraíam recursos para alimentação, bebidas, medicamentos, construção de moradia, fabricação de todo tipo de utensílios, de vestimentas, de armas, quase tudo de que precisavam.

Em *Maíra*, romance de Darcy Ribeiro inspirado num mito de origem, podemos ler uma ilustração poética desse significado:

> Muito tempo esteve Maíra gozando naquele ser esgalhado, folhento, o sentimento de ser árvore. Gostou. Principalmente das palmeiras que sobem eretas para abrir seus leques no mais alto. Dá gosto subir pelo parafuso troncal acima, sentindo a dor das cicatrizes de tantas folhas que morreram para a palmeira crescer e dar cocos.

A ideia da oferta das folhas ao processo de transformação do próprio vegetal, já que elas vão se aderindo, se entregando e se integrando num mesmo movimento, para formar um tronco único, de cuja elevação e desenvolvimento depende a chegada dos frutos e sua perpetuação, faz pensar no movimento de vida e morte presente em todo processo de iniciação e, desse modo, poder perceber a palmeira como símbolo daquilo que é perene. Embora seja vegetal e se erga imponente e ereta, em direção ao céu, ela não é classificada como árvore. Pode ser um bom símbolo da tessitura, porque traz no próprio corpo a instrução da trama, que transforma as funções de cada uma de suas partes.

Em nossa história, *a palha recolhida acaba, e os jovens se despedem* com imensa tristeza. Finda a magia e o encantamento, acontece para o jovem a segunda experiência de separação. O índio e a moça separam-se apressadamente e, na despedida, ele se dá conta de que ela era a moça mais bonita que já vira. Estava apaixonado! No entanto, é em solidão que ele deve completar sua iniciação. *Então a moça lhe dá um último presente. Ensina-o a reconhecer o arauto de Ceiuci: o canto do cancã.*

Cancã, cancão ou cancau é um pássaro negro, cujo canto parece o som de um latido. Na Amazônia, é o mesmo que caracará-preto, um tipo de gralha, conhecido no Sul como gavião e chamado no Norte de gavião-caipira. Seu canto, metálico e repetitivo, valeu-lhe esse nome onomatopeico. Ele é, também, uma referência para nomear as pessoas magras e fortes, que não envelhecem: diz-se que têm carne de cancã. E é ele que avisa ao caçador que há queixadas nas proximidades de sua casa. Isso porque as queixadas, como Ceiuci, comem tudo que encontram no caminho. "Queixada é um bicho danado, é acabação de tudo", afirmam os Kaxinawá.

Neste ponto, há uma analogia importante a ressaltar: da mesma forma que o corvo e o abutre, a gralha é o símbolo da deusa-mãe, que vela pelos mortos no mundo inferior. É também a representação da deusa-feiticeira celta, Morgana. Age como mensageira que avisa, quase parecendo falar. Daí ser conhecida como pássaro-cão. As gralhas são onívoras, o que quer dizer que, como a velha gulosa, comem de tudo. Um fato interessante é que, no Sul do Brasil, um tipo especial dessa ave, a gralha-azul, é conhecida como plantadora de pinhões.[25] Ao tentar descascar as pinhas para comer, costuma batê-las contra um pau, até amolecer ou esfrangalhar sua casca. Com isso, muitas vezes os pinhões, ainda intactos, caem de seu bico e, abandonados ao solo, acabam por germinar.

No mito de Ceiuci acontece algo semelhante, quando a tentativa de devoramento acaba por contribuir para a transformação e o desenvolvimento da presa. É porque Ceiuci quer comer o índio que ele é lançado em seu processo de iniciação, sua *germinação*.

Então, na beira do rio, acontece, pela terceira vez, a utilização das folhas como auxiliar de proteção: os peixes, presos no matapi (a armadilha de palha trançada — um novo símbolo da rede, da teia), vão ser a última providência para retardar a velha gulosa, antes da entrada na floresta. *E recomeçando a fuga, para não ser alcançado por Ceiuci, ele se embrenha na mata.*

Diz um mito de origem[26] que o tempo tem dois caminhos: o tempo de Nhanderuvuçu, a origem primeira — que vai em frente, o infinito, ilimitado, eterno; e o tempo dos homens, que dá a ilusão de ir em frente, mas vai sempre pra trás — a vida humana, sempre finita, limitada.

Ao entrar na floresta, o índio está saindo desse tempo dos homens para ingressar no tempo das origens. Enquanto ele e a moça jogavam os cestos pelas costas, o movimento era de retardar Ceiuci. Como se fosse possível paralisá-la, para não precisar avançar.[27] É um processo semelhante ao da dinâmica psíquica da neurose, em que a tentativa de evitar o confronto com um conteúdo inadmissível ao ego gera o adiamento do conflito através da repressão, que nada mais é do que tentar deixar pra trás o que parece impossível de ser enfrentado. Mas, agora, a velha gulosa voltará a surgir anunciada pelo canto do arauto, algo que aponta para o futuro, avisando o que virá a seguir. O índio reconhece a natureza incessante de Ceiuci e se concentra definitivamente em seu próprio movimento de prosseguir adiante, até se ver livre dela.

É importante também lembrar que o tempo circular, que volta sempre sobre si, é urobórico, enquanto o tempo linear, que está ligado à ideia de evolução e busca o afastamento dos pais, é o tempo histórico. A expressão *afastamento dos pais* pode ser compreendida como possibilidade de enriquecimento da memória cultural, transmitida, filogeneticamente, por meio das experiências pessoais e reconhecida através da linguagem. "Um tempo, portanto, de longa duração, extemporâneo do sujeito, mas no qual ele deverá advir a fim de fundar sua própria temporalidade."[28]

Podemos pensar que é aí que se encerra a adolescência. O índio entra na mata iniciando sua vida adulta. Frente a ameaças externas, impossíveis de enfrentar, afastar-se do atacante é a defesa que lhe parece mais sensata: fugir. *E ele corre, corre, corre muito, até ouvir o arauto: Can! Can! Can!*

O percurso

Aqui, no início da idade adulta, o moço, menos onipotente, pressente que precisa de ajuda. Já não tem a ilusão da autossuficiência e, *quando avista os macacos* na árvore, *anima-se em lhes pedir socorro.*

Relembrando o começo da história, vamos encontrá-lo também no alto de uma árvore, no mutá, quando Ceiuci aparece e o derruba. Talvez, por isso, ele acredite que os macacos — os animais com a aparência mais semelhante à dos seres humanos — possam protegê-lo, porque eles estão, como ele, na segurança de um esconderijo elevado, podendo ver sem serem vistos.

Os macacos estão usando cabaças como vasos. Ao socorrerem o índio, orientam-no a entrar num desses potes, um recipiente fechado, continente de mel, que é um poderoso energizante natural.

Essa alusão ao mel nos remete à narrativa de um mito de origem dos Tapirapé[29] — nação indígena que vivia às margens do rio do mesmo nome, no estado do Pará.

O mel — um fogo líquido

No início, a tribo vivia no fundo de um grande lago, que tinha um buraco no centro, por onde penetrava a luz do sol. Nessa época, os Tapirapé não conheciam a infelicidade, nem a doença, nem a morte.

Ocorre que, um dia, o filho do cacique adoeceu, e ninguém sabia como curá-lo. Dois jovens resolveram atravessar o buraco e ir ao sol, pedir seus conselhos. Levaram seus arcos e flechas e, ao verem o mundo externo, ficaram maravilhados com tudo que não conheciam. Encontrando, no caminho, um veado, prepararam-se para alvejá-lo. O animal, então, falou com eles, aconselhando que não o matassem, porque nem sabia o que estavam procurando.

— Posso conduzi-los ao local onde se encontra o verdadeiro fogo líquido, que salvará o filho de seu chefe — disse-lhes o veado.

Seguindo-o, os jovens foram orientados a subir numa grande árvore. No seu galho maior, encontrariam o líquido milagroso. Era o mel. O animal lhes ensinou ainda que esse fogo líquido continha um princípio extraordinário, proveniente do sol, capaz de curar toda e qualquer doença.

De volta à saga de Ceiuci, não podemos esquecer que os ferimentos causados no índio pelas tocandiras e pelos marimbondos não tinham sido cuidados até o ponto da história em que ele vê os macacos. Enfraquecido pelos martírios e pelo cansaço, ele encontra nessa parada protegida, imerso no mel — o fogo líquido, que por seu poder de cura costuma ser chamado de antibiótico natural —, o espaço e o elixir que o revigoram por algum tempo.

Na correspondência riquíssima que estabelece com a psicanalista e linguista Julia Kristeva, publicada no livro *O feminino e o sagrado*, Catherine Clement reconta-lhe um mito indígena brasileiro[30] que também remete aos poderes do mel. Assim diz a lenda:

A moça louca por mel

Uma jovem índia era tão louca por mel que desrespeitou as regras de seu consumo. Estas normas prescreviam a diluição em água, para evitar a embriaguez que provoca o líquido puro, ao ser retirado da natureza. A moça entregou-se com avidez ao prazer de sorvê-lo. Sem seguir a norma ritual da mistura, que assegura a espera e a partilha do produto, quebrou as leis culturais estabelecidas. Por isso, foi condenada a se tornar, ela própria, o alimento, sendo então cortada, cozida e comida.

O mel, nos mostra Clement, é um alimento sagrado porque, como o leite materno, não é cru nem cozido, escapando à dicotomia cultura-natureza. Ele emana da natureza, mas é alquimicamente temperado pela sofisticada cultura das abelhas.

Na história que estamos revendo, logo que Ceiuci passa, *os macacos mandam o índio sair e seguir seu caminho*. Perfeitamente integrados ao ambiente em que vivem, os macacos respeitam a natureza da velha gulosa. Livres, em seu meio natural, as diferenças coexistem e interagem, por isso não precisam se esconder nem fugir. Basta não se expor, não provocar, ocupar apenas o próprio lugar.

Ceiuci nem vê o que não está a sua frente. Apressada demais, submetida ao aspecto telúrico, ela não olha para cima. Esfomeada, seus instintos a prendem à terra e a tornam imediatista. Ao mesmo tempo, é como se o mel e o vaso protetor restaurassem a capacidade de invisibilidade que o índio sentia ter, quando estava suspenso no mutá, antes da chegada de Ceiuci. Ao menos temporariamente, a proteção funciona.

Depois de longo tempo correndo, novamente o aviso: Can! Can! Can! O índio sabe que precisa de nova proteção. Encontra o buraco da surucucu e entra nele. Garganta, abismo, fendas, buracos, grutas são símbolos da terra-útero, lugares numinosos (com poderes divinos). A entrada na toca simboliza o caminho até a escuridão mítica do mundo inferior.

Na Bíblia, a passagem que conta a história de Jonas na barriga da baleia ilustra a importância desse recolhimento. O relato é mais ou menos assim:

A história de Jonas

Jonas é escolhido por Deus para uma missão de salvamento espiritual da cidade de Nínive. Dominado pelo medo, busca fugir ao destino que rejeita e toma um barco que o leva em outra direção. No porão do barco, adormece.

Durante a viagem, em alto-mar, acontece uma tempestade, e as ondas violentas ameaçam afundar a embarcação. Todos os marinheiros oram, cada um em sua crença.

No meio do corre-corre, Jonas, que continuava dormindo, é encontrado pelos companheiros. Eles o acordam e lhe cobram a participação na luta pela salvação do grupo, pedindo que dê sua hipótese explicativa para uma tormenta tão imprevisível. Jonas fala-lhes, então, da missão divina que não cumpriu e sugere que o lancem ao mar, para aplacar a fúria da natureza.

Os marujos pedem perdão a Deus por um ato aparentemente tão covarde, mas, buscando poder salvar a maioria dos homens, aceitam sua disposição ao sacrifício e o atiram na água. Aparece, então, uma baleia que engole Jonas.

Só quando está dentro da baleia, completamente só, ele pode refletir sobre seu comportamento de fuga frente à tarefa que lhe fora confiada e se arrepende de não ter cumprido sua missão. É nesse momento que ele se salva, porque o enorme mamífero o cospe na praia, sem sequer molestá-lo. Jonas parte, então, para cumprir o que prometera a Deus.

Na vida, cada vez que nos afastamos de nossa rota genuína, encontramos dificuldades em prosseguir. Nesse caso, a voz de Deus pode ser vista como a fala do nosso *self* verdadeiro, nosso eu mais profundo, apontando o caminho próprio, que é expresso pelo mito individual. A tempestade e o lançamento ao mar são as dificuldades, às vezes terríveis, que precisam ser vividas para chegarmos à barriga da baleia, o lugar de reflexão e amadurecimento. Então temos a oportunidade de retomar nossa rota, se decidirmos optar por isso.

A toca da surucucu parece ao índio um esconderijo seguro. A serpente, por sua possibilidade de aparecer e desaparecer dentro da terra ou em grutas, é uma imagem associada à vida. Daí seu uso como símbolo urobórico, de perpétua transmutação da morte em vida — o movimento infinito da roda do mundo, de onde tudo provém e para onde tudo retorna.

Como representação da junção de opostos, a imagem da cobra é também associada à sabedoria, daí ser o signo de Asclépios, pai da medicina, que apontou o veneno como sendo o próprio remédio. Em grego, a palavra *ophis*, que nomeia a serpente é também o anagrama da palavra sabedoria: *sophia*.

Além disso, as cobras são animais que trocam de pele, ensinando, assim, o exercício da transformação — o desprender-se de velhos padrões — como caminho contínuo na vida, garantindo a flexibilidade que aumenta a força e o verdadeiro poder.

Na toca da surucucu, o índio passa por novo aprendizado: de que não se deve confiar irrefletidamente. Tem, também, a oportunidade de voltar a pedir ajuda, quando ouve o canto do acauã. É com ele que o índio experiencia o revide: aceitar que a defesa que destrói pode ser, às vezes, a única opção para encontrar a salvação.

Nos contos populares universais, encontramos nas histórias de Vasalisa[31] e de João e Maria[32] a importância de se dar conta da própria capacidade de revidar, de não se deixar maltratar, sem defesa.

Sobre o tema de equilíbrio entre ataque e defesa, ouvi,[33] numa das minhas Oficinas de Mitologia Indígena Brasileira, uma história bem sugestiva:

Sorriso de cobra

Era uma cobra que atacava todos os animais, até que um dia eles se reuniram e foram se queixar ao sábio. Este chamou a cobra, repreendeu-a severamente por sua conduta agressiva e proibiu-a de maltratar os outros.

Passou-se um tempo e a cobra novamente cruzou o caminho do sábio. Surpreso, ele viu que ela estava toda machucada, bastante ferida. Compassivo, o sábio quis saber o que acontecera. Ela contou-lhe que, como não podia mais atacar ninguém, era espancada por todos. O sábio então esclareceu melhor sua instrução:

— Eu lhe disse que não podia morder, mas não disse que não podia mostrar os dentes!

No mito de Ceiuci, o índio, ao encontrar a surucucu, vai aprender a lidar com os seus limites pessoais de resistência. A surucucu é a mais temível de nossas serpentes. Aliando, à sua força extraordinária, peçonha de efeito violentíssimo, armazenada em quantidade nas enormes glândulas, a surucucu, de fato, faz jus ao renome que conquistou. Daí, talvez, a escolha desse exemplar de cobra como personagem do mito. Na história da velha gulosa, a surucucu, para enganar o moço, é sedutora; como Ceiuci também foi, quando quis convencer o índio a descer da árvore, parecendo uma vovozinha amorosa; e como foi a serpente do Paraíso em relação a Eva, no mito bíblico.

Acontece que a surucucu fêmea de nossa história *prepara a comida, mas não chega a se alimentar*. Tudo não passa de encenação, uma emboscada. O índio, no entanto, já aprendeu a arte da escuta, quando se exercitou, em prontidão, para reconhecer o canto do cancã. Por isso, *atento, ouve a conversa das cobras e se defende. Ele pede socorro a acauã*,[34] que vem passando.

O acauã entra na história como símbolo da proteção indireta, um aspecto aparentemente negativo — agressivo — que precisa ser integrado. Ele não pretende ajudar. Quer apenas comer aquilo de que gosta: cobras. Mas, satisfazendo seu desejo, pode afastar o que é perigoso para o índio. Este movimento representa o mistério prodigioso da cadeia alimentar, mostrando suas funções perenes de transformação e conservação de energia.

A pergunta "Quantas entradas tem a toca?" e a resposta "Uma só" equivalem à afirmativa popular: "Não tem saída!" (no caso, para as surucucus). É o beco sem saída do ditado: "Se correr o bicho pega, se ficar o bicho come." Já um outro dito popular, "É cobra comendo cobra", remete ao enfrentamento entre adversários de naturezas iguais. Mais uma lição importante que o índio precisa receber: descobrir a verdadeira natureza de cada ser, identificar a que grupo cada qual pertence, a partir da forma com que cada um percebe e sente o mundo e a própria vida. É possível interpretar esse momento como o final da juventude adulta. Aprendendo as duras lições da sobrevivência, o índio entra na maturidade.

O encontro

Livre das cobras, recomeça a fuga, a corrida incessante. *Quando, já quase morto de cansaço, o índio volta a ouvir o canto do cancã, avista, junto ao lago, um tuiuiú, que está pescando.*

Tuiuiú pesca, da mesma forma que o menino fazia, quando começou toda sua tormenta. Representa, ainda uma vez, o movimento urobórico, vivido agora pelo homem, em outro estágio de seu desenvolvimento — uma possibilidade de reintegração de opostos: o tuiuiú pesca como o índio — aspecto masculino — e carrega o produto da pesca num cesto — aspecto feminino.

Quando se lê a descrição do tuiuiú,[35] uma ave que existe especialmente no Pantanal, impossível não lembrar da cegonha que, na crença popular, traz as crianças à vida: uma transportadora alada de um mundo a outro.

Mas o tuiuiú diz que o índio precisa esperar. Ensina-lhe, assim, o sábio princípio: "Quando chega a hora, o fato se precipita." Mostra-lhe que tudo tem seu tempo certo, assim como acontece no conto da Bela Adormecida: ela só pôde acordar quando se completaram os cem anos do encantamento e só então seu príncipe chegou. *O tuiuiú levanta voo na exata hora em que Ceiuci chega.* Nem cedo, nem tarde. Em tempo. Como acontece no bom parto, chamado de *a termo.* E então voa alto e longe. Refaz o caminho, agora pelo ar. É um renascimento, só que, dessa vez, para o céu, como uma imagem da vida espiritual. O homem tem, nesse momento, a experiência de um ser alado.

Depois de muito voar, carregando o índio no cesto, o tuiuiú desce no ramo que se deita como um braço, sobre o leito do rio. A ponte precisa ser cruzada de volta. Ali se completará a maturidade. É o término de uma outra etapa.

O cansaço e a sede fazem o homem debruçar-se sobre as águas para se purificar, *e elas funcionam como espelho* onde ele vê, qual Narciso, sua imagem refletida. Só que, nesse mito, o personagem encontra-se em pleno processo de individuação, não ficando aprisionado à própria imagem, qual o herói do mito grego. Narciso vê seu reflexo nas águas, como se fosse uma outra pessoa e, fascinado, ao tentar alcançá-la, primeiro definha e, depois, encontra a morte. O índio, por sua vez, é capaz de reconhecer a si mesmo. Apesar de já estar com a aparência transformada, ele sabe quem é. Mas percebe que não é mais aquele menino ágil, que Ceiuci também viu projetado nas águas e tentou pegar com a tarrafa, dentro do rio. Os cabelos embranquecidos e a pele marcada lhe trazem a consciência do tempo que passou. Ele se surpreende com o que vê. Tem a sensação de que passou toda a vida defendendo-se dos perigos externos, sem ter tempo de olhar para si mesmo. Diferentemente de Narciso, sabe que não é autossuficiente e reconhece a necessidade do encontro com o outro.

Abatido, sente que precisa encontrar abrigo. Sobe na árvore. Retorna ao lugar de supervisão. Já não tem pressa. Lá de cima, olha em redor, vê fumaça por entre as copas majestosas e reconhece, nela, os sinais da presença humana. "Onde tem fumaça, tem fogo", diz a crença popular, e ele, como o sábio homem do povo, já é capaz de ler nas entrelinhas.

Caminha em direção a uma casa, que imagina existir, onde talvez seja possível encontrar cuidados. Como acontece na história "Donzela sem mãos",[36] lá, numa determinada casa no meio da floresta, ele vai conseguir achar aquilo de que precisa.

Ele chega à casa de uma velha índia. Façamos, aqui, um paralelo com a "velha sábia",[37] que sempre se manteve no lar, cuidando da roça e tratando de espantar os sabotadores. Esta é a imagem-símbolo da parte saudável de nossa personalidade, que se mantém centrada e nos fará capazes, por toda a vida, de nos reconectarmos com nosso *self* verdadeiro e profundo, por mais terríveis que tenham sido as perdas e os sofrimentos; por mais que nos sintamos distantes de nós mesmos.

Naquele sítio, a cotia é o perigo maior e está sendo vigiada pela dona da casa. Como animal de hábitos quase noturnos a cotia costuma sair do esconderijo à tardinha, em busca de alimento. Logo, deduz-se que anoitecia, quando o índio chegou à casa. O fim do dia representa, pois, o final de um novo período.

A cotia invade a roça da velha atrás de mandioca, um dos seus alimentos preferidos. Mandioca é exatamente o curativo usado para as picadas de tocandira; mas é também considerada o pão dos pobres. Ela pode ser a cura para os sofrimentos do rapaz, seu melhor alimento. O significado da palavra mandioca — casa de Mani — inclui a ideia de proteção — casa — e, mais uma vez a força de uma jovem índia, Mani. Assim, conta-se de seu surgimento:

Lenda da mandioca

A menina Mani era a filha de uma índia que se tornara mãe sendo virgem. Diferente dos outros índios, que eram morenos, aquela criança tinha a pele muito alva e, por isso, por sua aparência tão especial, foi, desde seu nascimento, extremamente amada e protegida por todos. No entanto, apesar de todos os cuidados, morreu repentinamente, ainda menina. Por ser tão querida, foi enterrada dentro da oca do avô, o chefe da tribo.

Dias depois, no lugar onde tinha sido sepultada, que era regado pelas abundantes lágrimas do avô saudoso, nasceu o broto de uma planta desconhecida. Intrigados, os índios cavaram e tentaram desenterrar o corpo de Mani, mas não o encontraram. Descobriram, então, que a tal plantinha, que estava crescendo ali, guardava, dentro da terra, um tubérculo branco, da cor da pele da menina. Ao ser experimentada, esta raiz se revelou um alimento maravilhoso: a mandioca.

Principal ingrediente da culinária indígena, em todos os tempos, a mandioca acabou sendo incorporada aos hábitos alimentares dos brasileiros em geral. Por seu valor nutritivo inigualável, ela é consumida sob variadas formas.[38]

Segundo Mircea Eliade, o surgimento de tubérculos ou árvores frutíferas a partir da morte de uma jovem ou de uma mulher é um tema recorrente em diferentes mitos dos paleocultivadores. Como acontecimentos primordiais, esses mitos marcam a origem de uma dimensão sagrada da cultura — que cria um elo entre alimentação e morte, entre o país dos mortos, debaixo da terra, e o plano divino, manifesto através da transformação do corpo em alimento.

No mito de Ceiuci, a mãe — uma velha índia solitária — faz, da roça de mandioca, o seu sustento. É a roça que implica cuidados rituais, que lhe garante a ligação com o sagrado.

Quando o índio, aquele homem cansado e abatido, chega à casa dela, postam-se, frente a frente, dois seres humanos completamente sós, o que potencializa a emergência do verdadeiro encontro. A velha oferece alimento, quer saber a história do índio e a ouve atentamente.

Dessa forma, ela promove continente, dá suporte (*holding*[39]) ao *homem* que, no relato de sua trajetória, fugindo de Ceiuci, *conta, refaz seu longo percurso.* Esse é o caminho da cura psicanalítica: recordar, repetir, elaborar.[40] Ao recordar e se dar conta das inúmeras repetições, o índio vai interligando seus afetos com os acontecimentos de que foi protagonista. Já não sente mais medo. Dessa forma, faz-se a repetição que não aprisiona. Aí está, novamente, a presença do rito libertador.

Eles se reconhecem. Vivenciam a mutualidade. E prosseguem, no abraço, no canto, na dança, no choro e no riso, a vivência da experiência compartilhada e da reciprocidade,[41] etapas a serem cumpridas para que se dê, satisfatoriamente, o processo de desenvolvimento interpessoal. Ao se identificarem, eles terminam de compor a significação de suas histórias.

Então, o índio entra na casa. No reencontro com seu espaço, seu lugar de origem, o encontro consigo mesmo. *E Ceiuci não aparece nunca mais.* Deu-se a integração dos muitos opostos, no processo de individuação. A reintegração do ser humano com sua verdadeira natureza é a única possibilidade de salvação, de não ser enredado e não morrer psiquicamente.

Como já dissemos, pode haver muitas vidas numa mesma vida. Desse modo, é possível que o fim desta história tanto simbolize a morte, o fim da vida terrena, quanto uma das muitas mortes que vivemos ao longo da vida. De qualquer forma, todas elas nos levam ao recomeço, à confirmação do tempo cíclico, que nos conduz à origem das coisas, totalmente diferente da concepção vetorial do tempo dessacralizado do mundo contemporâneo.

A Ceiuci que nunca mais volta a ameaçar é aquela parte destrutiva de nós mesmos que, uma vez conhecida e aceita como constituinte, deixa de surpreender e aprisionar. Passa a ser conduzida e controlada, quando necessário, pela transformação da energia que a impulsiona.

A velha gulosa, um bicho-papão

Contar o mito de Ceiuci é sempre uma experiência fascinante! É impossível para mim não me envolver de tal modo durante a narrativa, que não aceite, compassivamente, seguir com aquele índio o seu destino. Medo, angústia, fome, sede, desconfiança, dor, saudade, tudo se mistura e se compacta em mim durante aquela perseguição implacável, que promove sua fuga desenfreada. A cada vez que conto a história da velha gulosa (da mesma forma de que em todas as vezes que a ouvi), descubro-me torcendo pelo menino, como se ainda não conhecesse o desfecho da trama. E a enorme emoção que brota em mim quando, ao final, filho e mãe se reconhecem e se abraçam nunca pode ser contida. Talvez, por isso mesmo, a cada relato, me sinto reinaugurada. E, assim, confirmo: o mito liberta!

Paralelamente, vejo meus ouvintes deixarem-se ir tomando pela energia mítica, enquanto escutam a narração. Pouco a pouco, suas expressões vão se transformando. E esta constatação tem surgido tanto no trabalho com pequenos grupos, quanto com grandes plateias, mas há um encontro especial quando a contação é feita para uma só pessoa. Talvez o fato de estarmos, nesse caso, duas pessoas frente a frente, como acontece com o índio e a velha no final do mito, me permita ter ainda uma melhor percepção da magia que ali ocorre.

Um exemplo disso aconteceu recentemente, quando recebi um caso clínico bastante complexo para acompanhar. Trazida pela família, a paciente chegou muito deprimida, com pouca vitalidade, autoestima bastante prejudicada e não demonstrando nenhuma esperança de que alguma coisa pudesse ajudá-la a sair desse impasse. Na entrevista inicial, falou-me da inutilidade de aceitar qualquer tratamento, já que se via na iminência de pôr fim à própria vida. Vi-me inclinada a não aceitar o caso e encaminhá-la diretamente à ajuda psiquiátrica, pois tinha dúvidas de estar apta a ter, no atendimento, a precisão e a rapidez que seu estado exigia. No entanto, não queria deixá-la partir, naquele primeiro dia, sem tentar dar-lhe algum auxílio real. Assim, aceitei que Ceiuci se impusesse.

Contei-lhe este mito, pretendendo vê-lo agir como medicina curativa. E aquele foi um relato especialmente intenso, em que eu busquei usar as palavras do mito como mãos que, estendidas, pudessem alcançar o *self* ferido daquela jovem, onde quer que ele estivesse escondido, enfraquecido, procurando ainda se proteger. Assistir a ela se despedir de mim, prometendo voltar, depois de ter se sensibilizado profundamente ao acompanhar o índio fugindo de Ceiuci, me deu esperanças de que ela pudesse reagir ao quadro depressivo e se dispor a aceitar ajuda terapêutica.

Hoje, já em processo, quando começamos a elaborar uma linguagem afetiva comum, que talvez lhe permita reconstruir alguns de seus conteúdos psíquicos danificados, reconheço, mais uma vez, o poder deste mito e agradeço a oportunidade de tê-lo um dia recebido.

É importante que eu esclareça que não se trata de afirmar que o mito foi, neste caso ou em qualquer outro, o único elemento de transformação. Antes, acredito que ele funciona como um dinamizador do psiquismo, fazendo-nos reconectar nossa energia pessoal com a energia universal e, assim, podendo vir a abrir caminhos outros, que nos façam encontrar e aceitar novas formas de ser e estar no mundo, apesar dos sofrimentos inevitáveis a que estamos sujeitos.

Falei, acima, em imposição do mito. Esclareço o uso desta expressão, com um fato ocorrido em outra ocasião. Na conclusão de um dos cursos de criatividade que coordeno, propus às alunas que, como celebração, no último dia de encontro, cada uma de nós contasse, às companheiras, uma história. De minha parte, no momento de minha contação, vi-me indecisa entre duas possibilidades. Pensara, inicialmente, em contar-lhes Ceiuci e não tivera nenhuma dúvida de que ia levar o projeto adiante. Na hora de minha apresentação, porém, pareceu-me que elas talvez viessem a gostar de algo mais leve, que não as deixasse tão impactadas, já que era nossa despedida. Perguntei-lhes, então, o que preferiam: um conto mais otimista, do tipo história de fadas, ou um mito indígena. As participantes do curso optaram pelo conto mais alegre, e eu, quase aliviada, por julgar-me dispensada do reencontro com a velha gulosa, comecei a narração, tranquila e fluidamente. Foi quando espantada me ouvi dizendo:

— Era uma vez uma mulher que vivia com seu filho na floresta...

Parei e reconheci: Ceiuci se impusera novamente! O conto de fadas que eu pretendia contar era a história de uma mulher viúva, que tinha três filhos. Nenhuma relação com o que eu, involuntariamente, havia escutado minha voz trazer.

Assenti ao inevitável, e deixei Ceiuci chegar, dizendo a elas que não tínhamos, de fato, o poder de escolha. Recomecei a contação, trazendo o mito. Ao final, todas saímos do encontro com o coração transbordante de emoção. Até porque o curso, que tratara durante meses de bloqueio criativo, levara exatamente ao reconhecimento do sabotador interno — a velha gulosa — que nos rouba o poder de criação. Sabíamos que só depois de encará-la de frente poderíamos permitir que nossa criança criativa se desenvolvesse, encontrando e reencontrando, a partir da superação do entrave destrutivo, a capacidade de expressão e de alegria plena, vida afora.

A Ceiuci nossa de cada dia

Em nossos dias, podemos pensar Ceiuci, a velha gulosa, de muitas formas. Primeiro nos ocorre vê-la como representante do consumo e do processo de massificação, ambos nos levando ao eterno comer/incorporar,transformar/produzir, expelir/destruir.

Nos grandes centros urbanos, o tempo não flui naturalmente como as águas de um rio, mas parece ir sempre se encachoeirando, na direção de um abismo eterno. Correndo tanto, desde os primeiros meses de existência e pela infância afora, sendo levadas apressadamente a caminho da creche, da escola, dos múltiplos cursos especializados suplementares, das infindáveis festinhas superproduzidas, dos teatrinhos nem sempre de boa qualidade, dos parques temáticos, das colônias de férias etc. (costumes que, globalizados, alcançam até o cotidiano das cidades de interior), as crianças de nossos tempos capitalistas chegam cedo demais e, despreparadas para os hábitos da vida adulta, tornam-se prisioneiras de uma adolescência vivida sem ritos de passagem, que tende a se prolongar indefinidamente.

Divulgados na década de 1970 no Brasil, os estudos psicanalíticos sobre o fenômeno da adolescência prolongada já refletiam, àquela época, a inquietação surgida nos consultórios, pelo testemunho da dificuldade de muitos jovens alcançarem a maturidade necessária para entrar na vida adulta, sem entraves impeditivos. De lá pra cá, a educação não parece ter sido promotora de nenhuma transformação positiva neste aspecto. Enquanto isso, inventam-se e se oferecem mais e mais sofisticados produtos de lazer e entretenimento, que estimulam sempre o ir para fora, a busca contínua de prazer, diversão e sensação de poder.

E assim, numa vida mal vivida, o tempo, que ilusoriamente parece nos estar levando à frente, encaminha-nos, na verdade, para trás. Ao envelhecer, desejamos resgatar etapas inteiras de nossa história, que parecem ter escorrido entre nossos dedos, deixando-nos as mãos vazias, enquanto perseguíamos — ou éramos perseguidos por eles? — os projetos da casa própria, cada vez mais equipada, do carro sempre novo, das inúmeras viagens da moda, das roupas de marca, da convivência social glamorosa incessante, da conta bancária cada vez maior, coisas que nos pudessem dar garantia, destaque e projeção, a ilusão de estabilidade e, o mais almejado que tudo: o reconhecimento externo de sermos bem-sucedidos.

É aí que, como reação de defesa à sensação de estarmos sendo consumidos, verificamos o papel propulsor que tem a negação da morte. Surge, então, uma segunda leitura: Ceiuci pode ser vista, também, como representando a própria morte. Sempre insatisfeitos, estamos de fato, nesse viver galopante, inventando formas de afastar de nosso cotidiano a lembrança de nossa finitude, brincando, assim, de parecermos eternos.

Na família, a criança é protegida da morte — um assunto que raramente é abordado com naturalidade na presença dos pequenos e que, na maioria das vezes, é excluído das conversas entre pais e filhos. Até mesmo os tradicionais contos infantis são muitas vezes maquiados para não expor os infantes a saber de uma vovozinha devorada pelo lobo,[42] de um noivo afogado no dia de seu casamento[43] ou da pequena menina, vendedora de fósforos,[44] congelada de frio na noite de Natal. Na educação formal não se inclui a morte entre os temas básicos a serem tratados na Escola e, assim, crescemos despreparados para lidar com este acontecimento, inerente ao próprio existir, e que é, tragicamente, a única herança certa e irrecusável que recebemos de nossos pais, ao nascermos.

Deveríamos viver de morte e morrer de vida, diz Edgar Morin, citando o pensamento de Heráclito, já que a vida se alimenta de muitas mortes sucessivas e seria muito bom estar ligado à vida e poder saboreá-la até o momento final. No entanto, seguimos cegos e surdos à evidência da morte, buscando maneiras incontáveis de driblá-la, quer não pensando a este respeito, quer adiantando-nos, numa entrega fictícia, a ela, através de práticas, ditas espirituais, que parecem negar, então, a própria vida. Nessas fugas premeditadas, exercita-se, por mera repetição, um estado de alheamento ao mundo exterior, encenando uma pretensa busca de transcendência, muito distante do estado de integração plena — a unidade com a natureza maior, pulsante —, este, sim, verdadeiramente libertador.

Nesse contexto fóbico, a morte vira interdição e, nos dias de hoje, já não se pode morrer naturalmente. Parece obrigatório ter uma vida extremamente longa, cada vez mais longa, independentemente da qualidade que esse sobreviver possa garantir. A medicina tem favorecido enormemente esse delírio, quando esquece o ser humano, o doente, e se põe a serviço do combate à doença, como entidade autônoma. Farmácias amontoam-se nas ruas das grandes cidades, vendendo as miraculosas drogas que a indústria farmacêutica produz para que os idosos se arrastem pelo mundo, muito vezes alienados, incapazes, mas supostamente vivos. Centros de Tratamentos Intensivos equipam-se com requintes de ficção científica, exigindo cada vez maior isolamento do paciente, para esticar os últimos suspiros, completamente solitários, de velhinhos e doentes terminais que talvez viessem a morrer um pouco antes, amparados e acolhidos em seus próprios lares, se a morte não fosse uma visitante tão temida. Muitas vezes afastamos o doente para os hospitais, na tentativa de distanciar, de fato, o espectro mortífero, e damos erroneamente a esse aparato o nome de conforto, cuidado especializado ou qualquer outra desculpa que nos aquiete a consciência e nos mantenha a salvo da contaminação da finitude. Parece muito distante, hoje em dia, a simplicidade de encarar a morte como o simples retorno da matéria ao sistema maior a que pertence, e o aceitar do desprendimento da energia, como elemento sempre em eterna transformação. Assim também, o temor do contágio ou o pudor de lidar com as sequelas físicas e emocionais faz-nos calar ou não aprofundar assuntos ligados a doenças degenerativas como AIDS, câncer ou doenças autoimunes em geral, que, como a velha gulosa, devoram e consomem.

Paralelamente, o egocentrismo é cultuado como virtude e, desde cedo, essa mesma sociedade aplainadora ensina às crianças a pensarem em si mesmas acima de qualquer coisa. A competição desenfreada é, pois, outra das maneiras de ver a ação de Ceiuci em nossas vidas. A concorrência egoísta, cultivada diariamente nas famílias e nas escolas, vem formando seres humanos incapazes de desenvolver o sentimento de compaixão. As relações descartáveis são atitudes de defesa à ameaça do contato mais íntimo, um meio de acreditarmos que ninguém é insubstituível e de nos protegermos contra o fortalecimento de laços afetivos, que criam vínculos e trazem riscos de sofrimento, por futuras separações ou perdas possíveis. Esses são sintomas do comportamento doentio que fortalece nossa arrogância — filha legítima da ignorância — como processo defensivo.

E porque não podemos nos sentir frágeis, criamos, a cada dia, geringonças novas que vão nos transformando em *semirrobôs*. Se começamos nos beneficiando das máquinas que nos transportam e nos permitem realizar obras impensáveis à capacidade física do ser humano, hoje já não precisamos sequer apertar botões para pô-las em ação. Basta apenas o comando de nossa voz para que certos aparelhos funcionem. Com isso, nosso corpo vai se paralisando cada vez mais, devido à acomodação aos recursos da tecnologia, enquanto progressivamente vão aumentando as doenças causadas pelo sedentarismo e pelo excesso de atividade mental. Ao mesmo tempo, cresce a incidência de sintomas de neurose obsessiva e de síndromes ligadas à ansiedade, com sensações que denunciam a perda da noção dos limites corporais e da consequente noção de espaço, fundamental ao equilíbrio psíquico.

A carência cada vez maior de contato físico envolvido no afeto, que, como se sabe, é não só natural, mas de importância vital para a saúde humana, leva a buscas de simulacros — substitutos artificiais. Estes podem ser percebidos tanto no culto exagerado aos exercícios físicos padronizados, com *treinadores pessoais,* nada mais que *cuidadores* contratados para estimular e acompanhar individualmente nosso desempenho, como no surgimento cada vez maior de infindas técnicas de massagens.

Nas relações interpessoais, a aceleração e sofisticação tecnológicas nos levam, também, à desvalorização da interlocução presencial. As pessoas se encontram agora virtualmente, podendo mais facilmente se camuflar e se encapsular em fantasias alienantes. Assistir exageradamente à televisão, ou passar horas e horas nos jogos eletrônicos deseduca a escuta e a verdadeira atenção desde muito cedo, e assim as crianças desenvolvem a prática de um discurso solitário. Hipnotizados frente à TV, ao monitor do computador, do tablet ou do celular é possível, magicamente, desligar a fala e a ação do outro, que está ao lado, assim como abandoná-la e retornar ao bel-prazer individual, sem comprometimento com cuidado e respeito ao tempo e à emoção alheios, caminhos de verdadeira comunicação e interação.[45] O som da TV, para alguns, chega a substituir os sons naturais da vida cotidiana e muitos precisam estar constantemente com a televisão ligada para não se sentirem sós e desamparados, vulneráveis a serem tocados pelo mundo da realidade (incontrolável) a seu redor.

Também a sede desenfreada de informação, cultivada e cultuada pela mídia, nos faz escravos insaciáveis da leitura de periódicos descartáveis, de notícias em tempo vindas de todo o mundo e de expectações infindas. Só se sente *in* quem se propõe a ler todos os jornais, a assistir a todos os filmes, a frequentar todas as salas de espetáculos, a acompanhar todas as críticas, a seguir todos os cursos da moda, buscando, com isso, ser capaz de se posicionar e dar opinião a respeito de tudo, a qualquer momento. Mas a verdade é que não há tempo (externo e interno) suficiente para digerir e metabolizar tanta informação, permitindo que venha a se transformar em experiência e sabedoria. Então, sofremos cada vez mais intensamente, acossados pelo fantasma do esquecimento de nossas próprias histórias surgido no sombrio afastamento de nossas origens, o que nos leva à insuportável dor do não pertencimento...

De todos os lados, Ceiuci nos persegue e infla dentro de nós sua representante mais verdadeira: a voracidade. E, como vimos, ao relembrarmos os ensinamentos de Melanie Klein, é pela incorporação desenfreada que corremos o risco de nos sentirmos cada vez mais vazios e desesperados. Devorando ou sendo devorados, a luta e a disputa pelo poder aumentam e se refletem também nos papéis e funções masculinos e femininos, contaminando todo o princípio da criação humana. Se homens e mulheres forem melhores conhecedores de si mesmos, de seus mistérios e segredos, será possível ao ser humano fazer-se mais próximo do outro? Retomemos a busca pelo caminho dos mitos...

CAPÍTULO II
Jurupari

Do encontro entre forças celestes e terrenas, pela energia vital do fogo impregnada no suco encarnado da fruta madura, surge um novo ser: Jurupari — o legislador, que vem promover transformações radicais nas relações humanas e de quem luz e poder arrebatadores nascem através do feminino mais genuíno. Vamos encontrá-lo em sua origem.

De Cêucy a Ceiuci

Voltemos, então, a Ceiuci.

Contam que antes, num tempo que, de fato, nunca passou, Ceiuci era Cêucy, filha de Tupã e Yuácacy, a mãe do céu.

Uma vez, Cêucy desceu à Terra e, encontrando adormecida uma indiazinha caraíba, tomou conta de seu corpo e assim ela ficou sendo a moça mais bonita e mais esperta da aldeia.

Os dias foram acontecendo e, enquanto a mocinha crescia, aumentavam a cada noite seus encantos. Eles eram tão poderosos e expressivos que, quando ela passava pela floresta, faziam calar o uirapuru no meio do canto, mantinham suspenso no ar o fio das águas das fontes e faziam tremer a corda do arco do melhor dos guerreiros. Assim, majestosa, Cêucy era o orgulho da tribo, e todos a consideravam capaz de trazer sorte à colheita e à pesca e um maior poder de cura ao maracá do pajé.

Cêucy atendia a todos que a procuravam, mas ficava admirada com o que acontecia a seu redor, pois não sabia explicar de onde vinha toda a força que tinha. De uma feita, contam que salvou duas crianças de serem comidas por duas onças famintas. Elevando-se do chão ao ar, sem nenhum esforço, tirou os curumins do alto de uma grande árvore, onde se tinham alojado para fugir das feras, e devolveu-os a salvo a suas mães. E ainda mais: para que as onças não atrapalhassem o resgate, com um simples sopro, Cêucy fez com que caíssem mortas no solo. Depois de tudo resolvido, ressuscitou-as com um afago, ensinando-lhes, com firmeza e doçura, que a comida natural de onça era jacaré e não gente, e que, por isso, os jacarés se entregariam a elas, sem luta. Dóceis, para espanto de todos, as onças lamberam-lhe os pés e obedeceram.

Cada vez mais querida e respeitada na aldeia, Cêucy vivia assim, quando, ainda mocinha, estava um dia colhendo frutos na floresta e encontrou a árvore da cucura do mato. Atraída pela cor vibrante, colheu os frutos e começou a comê-los com prazer. Nem se importou quando o caldo das frutinhas foi escorrendo pelo seu corpo nu e penetrou em suas graciosas fendas femininas. Foi daí que, algum tempo depois, para espanto geral, a bela Cêucy apareceu de barriga. A surpresa era por Cêucy ser virgem, pois ainda não fora visitada por Jacy-tuí, a menstruação.

Sabendo que nada de errado lhe acontecera, Cêucy apresentou-se, serena, ao Conselho dos Anciãos e, quando a interrogaram sobre seu estado, respondeu, segura e risonha, que também estava surpreendida. Embora a considerassem inocente, talvez para que viesse a servir de exemplo ao comportamento de outras cunhantãs, os velhos resolveram desterrar Cêucy para os cumes da serra de Canuké.

Triste e deixando mais tristes ainda os que viviam com ela e a amavam tanto, Cêucy obedeceu. Foi lá, sozinha numa caverna, velada por Yuácacy, sua mãe espiritual, que ela pariu o filho que chamou de Jurupari.

Diz-se que, com Jurupari, nasceu também o silêncio, o *quiriri* sombrio da floresta e dos lagos amazônicos.

A origem do fogo

Contam que, uma noite no tempo, quando homens e mulheres ainda não conhecia o fogo, dois índios saíram para pescar e catar mariscos e adormeceram sobre as pedras, no meio do rio.

Durante a madrugada, choveu, e eles acordaram com muito frio. De repente, começaram a sentir um calor gostoso envolvendo seus corpos, como se fosse um vento quente, e como ainda estavam com muito sono, se acomodaram, aquecidos por aquele calorzinho bom, e voltaram a dormir.

Mais tarde, acordaram sentindo cheiro de fumaça. Ao se aproximarem de sua canoa, encontraram bem sequinhos os peixes que tinham deixado lá. Pensaram até que eles tinham estragado. Para seu espanto, descobriram que cheiravam muito bem. Experimentaram comer um pedacinho e acharam muito gostoso! Os dois homens ficaram intrigados sem saber o que ocorrera. Resolveram ficar ali por mais uma noite, para ver o que acontecia.

Passaram o dia pescando. Deixaram a pesca na canoa e voltaram para o lugar em cima das pedras, onde tinham dormido, pensando em vigiar, para descobrir quem tinha feito sua comida ficar tão saborosa. Combinaram de deitar de costas um para o outro pois, assim, poderiam ficar controlando melhor. Cada um tomaria conta de um lado. Se um deles percebesse que o outro estava cochilando, daria um beliscão no companheiro, para que não adormecesse. Assim fizeram.

No meio da noite, caiu uma chuva grossa e começaram a sentir um frio danado! Aí a história se repetiu: foi chegando um vento quente, e eles tiveram mesmo que se beliscar, para não pegar no sono. Então, perceberam que, bem depressa, seus corpos iam ficando secos.

Procuraram olhar bem longe, examinando a escuridão, e viram alguma coisa clarear lá no alto do rio. De repente, distinguiram uma cabeça vindo em sua direção. Aos poucos, o resto do corpo foi tomando forma e então, na sua frente, surgiu um moço todo iluminado. Do seu corpo saía fogo, como o dos raios do sol. Era muito bonito e estava nu. Mesmo aquecidos por aquele fogaréu, aquela tocha viva, os índios tremiam que tremiam, tiritando de medo.

De repente, talvez para se defender, um dos mariscadores tirou a tanga e jogou no homem fulgurante. Foi o suficiente para o homem de fogo pular na água e desaparecer. Mas o cueiro ficou ali, em cima da pedra, reluzindo. Ao tentarem pegá-lo, os índios queimaram os dedos das mãos. Percebendo que ali havia fogo, trouxeram gravetos para alimentar aquela mãe-do-quente e não deixá-la minguar. Logo a fogueirinha que armaram fez clarão, e eles passaram o resto da noite mantendo o fogo aceso, fazendo a mãe-do-quente se reproduzir.

Embora não soubessem fazer fogo, eles percebiam o valor daquele calor misterioso, e resolveram levá-lo para a aldeia.

— A mãe-do-quente enxuga o sangue do peixe e faz ele ficar mais gostoso. Come madeira e esquenta nosso corpo — concluíram.

Na canoa, de volta para casa, um deles foi dando de comer ao fogo, enquanto o outro remava. Assim, se revezando, chegaram à praia, quando já estava anoitecendo.

De longe, seus companheiros viram aquele luzeiro forte e ficaram amedrontados. Talvez fosse uma estrela caída do céu nas águas do rio, mas também podia ser a mãe-d'água e se ela estava vindo na sua direção era para devorá-los! Armaram-se de flechas para aguardar o ataque.

Só que os dois mariscadores aportaram, tocando o membi, para sinalizar a chegada, e suas mulheres reconheceram o som do instrumento. Avisaram, animadas:

— São nossos maridos que vêm trazendo esse luzeiro! Vamos ver o que é.

Correram todos à beira da água e ouviram dos pescadores o que tinha acontecido. Para eles, aquele fogo era uma espécie de feitiço, uma puçanga contra o frio. Logo se formou um cerco em torno da mãe-do-quente e diz-se que o calor fazia bonito no coração deles.

O chefe do grupo, o tuxaua, organizou os cuidados com aquele achado precioso, determinando que cada um deveria alimentá-lo, para não o deixar morrer. Combinaram que, na próxima lua nova, sairiam à procura da gente que o tuxaua sabia que vivia debaixo d'água. Ele garantia que essa gente conhecia todas essas coisas. Ficou decidido também que, se preciso, lutariam para ter a puçanga-do-frio.

As mulheres logo se ofereceram para ir junto com o grupo e pediram que fizessem flechas para elas também. Temiam que, se os adversários fossem muitos e mais fortes, pudessem matar seus homens e depois viessem buscar aquela mãe-do-quente, que agora eles tinham. O tuxaua concordou com o pedido. Quando a lua se pôs nova outra vez e a noite parecia coberta por breu, toda aquela gente foi junta até o lugar onde havia aparecido o homem misterioso.

Foi preciso muito revezamento na vigília, pois se passaram várias luas sem que nada acontecesse. O grupo já estava inquieto com a espera. Então, os dois mariscadores resolveram que, na noite seguinte, iriam pescar piraíba na pedra. Levariam mais dois homens, pois a piraíba é um peixe muito grande e é preciso bastante força ao puxá-lo para fora d'água.

Assim fizeram. No rio, jogaram o cordão de pesca na água e deixaram os companheiros alimentando a mãe-do-quente. Por volta do meio da noite, sentiram alguma coisa mexendo nas iscas. Aquilo pegava e largava. Dali a pouco, acontecia outra vez, só que, agora, ia esticando a linha cada vez mais. Eles puxavam, o cordão continuava preso, mas não vinha nada. Fizeram força, ficaram até de pé para forçar mais... e nada!

Resolveram pedir ajuda aos outros companheiros. Foi preciso juntar os quatro para trazer a embiara. Só que, para espanto de todos, a embiara que surgiu era um homem!

Os dois mariscadores reconheceram que era o mesmo moço que trouxera a puçanga-do-frio, aquele que eles já tinham visto ali mesmo, na pedra. Só que, dessa vez, ao botarem a mão no corpo dele, sentiram que estava frio e todo mole, como corpo de criancinha nova. Puxaram, então, o moço para perto do fogo, para que se aquecesse. Aí ele soprou e, de sua boca, saiu um sopro frio e cheio de luz. Ele ficou bem juntinho da mãe-do-quente e, pouco a pouco, seu corpo começou a secar.

Atraídas pelo movimento da pesca, as mulheres já estavam todas em cima da pedra e começaram a espalhar as mães-do-quente em volta dele. Quando os pequenos focos de luz clarearam bem o lugar, viram que o moço era lindo e ficaram deslumbradas com sua beleza. Numa animação enorme, começaram a tocá-lo, fazendo muitas perguntas, todas falando ao mesmo tempo. Logo o corpo do moço estava firme, a carne rija e os cabelos negros, agora secos, brilhavam, enfeitando ainda mais seu rosto.

Ao amanhecer, ele já se sentara na pedra, mas parecia confuso, como se não entendesse bem o que acontecia. As mulheres continuavam a rodeá-lo, limpando seu corpo, alisando seus cabelos. Ao mesmo tempo, atentas, davam de comer às mães-do-quente, para manter o calor que fazia forte o corpo do moço.

Logo que o sol apareceu, ele se levantou e foi uma alegria geral entre as mulheres. Na maior satisfação, elas riam, festejando a recuperação do homem.

Quando o sol chegou no meio do céu, o moço falou:

— Não deixem que o fogo se perca. Ele pode fazer sua comida ficar mais gostosa e pode aquecer todos vocês, quando estiver frio. Eu vou deixar o fogo na terra, no lugar da mãe-do-quente. Agora, preciso falar com o tuxaua de vocês. Deixem-me sozinho com ele.

Todos se afastaram para a beira d'água, e o moço falou com o chefe:

— Você é pajé. Tem seus poderes. Mas eu é que devia lhe mostrar o fogo, porque tenho outras coisas mais a lhe dizer. Escute. O dono desse fogo é o sol, e ele quer que os costumes da Terra sejam mudados. Ele vai mandar alguém que dirá a vocês qual é a sua vontade. Mas só os homens devem saber. Mande as mulheres para longe, para que fiquem cuidando do fogo e não diga nada a ninguém sobre o que conversamos. E lembre-se: só os homens devem ficar aqui, esperando o enviado do sol. Agora, vamos nos juntar a sua gente. Eu vou lhes ensinar como se faz a comida gostosa. — E foi assim que terminou a fala do moço.

Logo que se reuniram ao grupo, as mulheres, indóceis, faziam perguntas:

— Filho da água, conte pra gente como é sua terra?

— Como é seu povo?

— Quem são seus pais?

— Que nome você tem?

— O rio é minha terra. Meus pais são peixes e não tenho nome. Há muita gente lá, mas é diferente da gente daqui — respondeu ele.

Então, pegou uma piraíba, cortou um bom naco e começou a assar no fogo. Um aroma gostoso se espalhou depressa pelo ar. O tuxaua foi convidado a experimentar o peixe assado. Comeu-o e aprovou. Cada um dos índios ganhou um pedaço, e todos, ao provarem, se deliciaram.

— Agora vocês já sabem como fazer a comida gostosa. Façam vocês mesmos — estimulou o moço.

Cada índio tirou uma posta da piraíba, assou e comeu.

Quando começou a anoitecer, o tuxaua chamou as mulheres e mandou que voltassem para suas casas e fossem preparar caxiri. Ia haver uma grande festa, no meio da próxima lua, para homenagear o moço que lhes dera o fogo. E disse a elas, também, que os homens ficariam por ali, juntando comida.

As mulheres ficaram alegres com as notícias, mas pediram que seus maridos cuidassem bem, para o dono da puçanga-do-frio não sumir. Queriam dançar com ele na festa de Cêucy. Cada uma levou um pouco do fogo para continuar alimentando. Pegaram as canoas e foram rio abaixo. Aos poucos foi anoitecendo e o som de suas falas animadas e de suas risadas satisfeitas foi sumindo, como as luzinhas que brilhavam em cada um dos barcos, se perdendo na escuridão...

De manhã, os homens descobriram que as pedras, onde os mariscadores tinham capturado o moço, tinham crescido e, agrupadas, formavam uma ilha bem grande. Foi preciso atravessar essa ilha para pescar do outro lado. Apesar de ser bem maior agora, aquela terra ainda estava quente, mantendo dentro dela um calor intenso.

O tuxaua e o moço que trouxera o fogo ficaram longe de todos e conversaram muito. Faltava um dia para a próxima lua nova, quando o moço anunciou:

— Amanhã à noite, chegará o filho do sol. Virá com a fumaça do céu e descerá nesta ilha. Ele vai trazer instrumentos bonitos, que serão só dos homens, e contará a todos vocês quais são os Costumes Novos. Prepare seus homens para que eles não se assustem.

Mas quando o chefe foi dar esta notícia aos homens, percebeu que eles ficaram tristes. Não pareciam animados com a novidade.

Os Costumes Novos

No outro dia, atravessaram todos para a ilha já crescida, que era quase outra, uma ilha desconhecida. Quando começou a anoitecer, um som de instrumentos se fez ouvir. Soava bonito e forte, como o canto de uma voz poderosa e grave.

A emoção tomou conta dos homens de tal forma que chegaram a sentir a respiração suspensa. Ventava muito, e o vento trazia aquele som cada vez para mais perto.

De repente, viram dois vultos descendo em sua direção e ouviram os gritos guturais do moço saudando os visitantes:

— Hêh! Hêh! Hêh!

Então, instrumentos vibraram com mais força, em resposta ao cumprimento, fazendo estremecer a terra a seus pés:

— Guîrî! Guîrî! Guîrî!

Surgiu, então, o filho do sol e a sombra de sua mãe, perto dele. Parado, ali mesmo, começou seu discurso:

— Filhos do sangue do céu! Antes de mim, o sol lhes mandou seu fogo. Agora eu vim para lhes dar os Costumes Novos, que vocês, homens, vão adotar para cuidar das mulheres e fazer delas gente boa.

"Toda mulher deve ter coração grande, não ser curiosa e saber respeitar segredo. A mulher não deve querer provar o que não é para ela. Amanhã vou lhes mostrar os meus instrumentos. Só os homens podem conhecê-los. Eu vou lhes dizer tudo aquilo que todo mundo deve saber."

Na mesma hora, cada homem sentiu seu coração ficar bem pequenininho e todos emudeceram. No silêncio da noite que se acaba para uma nova manhã surgir, aumentou o frio, e eles adormeceram.

Acordaram com o sol alto, já o dia ia em meio. Do outro lado da ilha, estavam o moço do fogo e o filho do sol, pintando alguma coisa nas pedras. Os homens ficaram aguardando, com muito medo.

Mais tarde, os dois visitantes foram para o mato. Olhando para onde eles estavam indo, os homens viram, na ponta da ilha, uma moça bonita como a lua, mirando as águas. O brilho de seus cabelos negros ao vento chegava a faiscar nos olhos de todos. Um índio jovem, vendo aquela linda mulher ao longe, lembrou-se de suas mulheres e animou-se a falar:

— Acho que o moço que pescamos quer é nos enlouquecer. Nunca nos sentimos tão tristes! É tão bom ouvir nossas mulheres nos contando coisas e podermos contar a elas nossas histórias, também. Se o que estamos recebendo é bom, por que nosso rosto parece que quer chorar?

Imediatamente o tuxaua repreendeu o jovem:

— Cale-se e espere! Você ainda é criança e não sabe separar o feio do bonito. Esquece depressa aquilo que vê, só pensa em brincar. Vai ter que aprender a esperar.

Calaram-se todos.

À tardinha, o som dos instrumentos voltou, vindo do lado da mata. Os homens ficaram mais tranquilos, pensando que iam poder entender melhor o que estava acontecendo e, atendendo ao chamado do tuxaua, foram juntos ouvir os Costumes Novos. Seguiram na direção de onde vinha o som. Ali estava o filho do sol, que começou a falar, autoritário:

— Ouçam como vão viver daqui pra diante e o que devem fazer.

E Jurupari, o filho do sol, fez um longo discurso:

- Sobre a proibição de sedução de moças, antes que a lua as deflore (a primeira menstruação)

- Sobre a proibição do adultério, determinando, para esses casos, a pena de morte

- Sobre o estabelecimento da *couvade*, ordenando que o homem, ao nascer seu filho, passasse a ficar de resguardo e tivesse alimentação especial durante uma lua inteira, para que a criança pudesse adquirir a força que o pai perdera com seu nascimento.

Além disso, deixou marcadas cinco festas sagradas:
- No defloramento da cunhantã, pela lua
- Quando se comer a fruta da pucã
- Quando se comer caça de floresta
- Quando se comer peixe grande
- Quando se comer caça de pena.

Nessas festas, que seriam chamadas dabucuri, as mulheres poderiam e deveriam tomar parte. Sua finalidade seria a celebração.

Já as festas em homenagem a Jurupari seriam de iniciação dos rapazes ao culto do filho do sol e seriam proibidas às mulheres, que nunca deveriam ouvir seus instrumentos, ver suas máscaras ou assistir a seus rituais. Aquelas que desobedecessem seriam condenadas à morte: seriam obrigadas a tomar veneno ou afogadas.

Depois disso, foi tirando de um pacará muitos enfeites. Mostrou-os, um a um, aos índios, dizendo:

— Esta figura já está na pedra. E essa outra também. E esta é aquela outra, ali marcada.

Ao mesmo tempo, foi se enfeitando, vestindo todos aqueles paramentos. Quando acabou, sacudiu os braços, e seu corpo balançou-se todo. Era como se, de seus ossos, saísse um canto bonito.

O moço do fogo trouxe, também, uma porção de instrumentos, que entregou ao filho do sol. Cada qual tinha o tamanho de uma parte do corpo de Jurupari. Ele foi-lhes mostrando, um a um, e dizendo seus nomes. Eram todos nomes de animais.[46]

Depois, chamou o tuxaua e entregou a ele o instrumento principal, determinando:

— Esse é seu. Ele é o chefe dos instrumentos.

Então mandou que os instrumentos tocassem, e eles tocaram sozinhos. Era bonito de ver e de ouvir. O espetáculo durou toda a madrugada. Por fim, o filho do sol ameaçou:

— Quem contar às mulheres esse segredo morrerá. Onde quer que eu esteja, posso saber quem me desobedeceu.

Voou então para a ilha, recolheu sua mãe e subiu com ela para o Aiari.

Ainda não amanhecera, quando o moço do fogo recomendou que eles escondessem os instrumentos dentro do rio. Assim fizeram, os homens. Depois, seguindo o tuxaua, voltaram para a aldeia.

— Vamos dançar um pouco com nossas mulheres, para elas não ficarem zangadas. E você venha conosco, moço — chamou o chefe.

— Suas mulheres não têm juízo, mas me farei de tolo, para enganá-las — disse o moço.

— Nós já sabemos como agradá-las. O filho do sol nos ensinou — afirmou o tuxaua.

— Não é tão simples assim. As mulheres alvoroçam os homens com um simples olhar e falam para os endoidecer. Comigo não há perigo. Meus olhos estão voltados para outro lado, mas seria bom que todos os homens sentissem por um único coração. Bem, sua gente já tem os Costumes Novos. Vamos lá! — concordou, enfim, o moço da puçanga-do-frio.

O sol estava a pino quando desceram rio abaixo e só chegaram à aldeia na noite do outro dia. No porto, mal os avistaram, as mulheres perguntaram pelo moço do fogo. Assim que o viram, foram chamá-lo para a dança da festa da cotia. Queriam que fosse o tocador da dança.

O moço nem olhava para elas. Olhos baixos, mirava a própria sombra, nas águas do rio. Andando em direção à terra, sempre rodeado pelas mulheres, ficou ouvindo seus elogios, desinteressado. Elas o comparavam ao próprio sol, diziam que a negrura de seus cabelos parecia a beleza da noite e iam, assim, desfiando em palavras coloridas tudo o que conheciam de melhor para descrever aquele homem: sua voz era alegre como o canto do tem-tem, o corpo esguio e majestoso como o tronco da palmeira! Mas ele não lhes dava atenção, olhava agora para o céu.

O tuxaua veio logo chamar por ele. Ao ver que estava olhando para o alto, seguiu seu olhar. Ele explicou que estava observando Cêucy, que ria deles, lá no céu.

Pouco depois, já na aldeia, ia começar a festa. Caxiri, paiauaru, vinho de macuari eram as bebidas que as mulheres tinham preparado para alegrar os corações. Mas o moço não se entusiasmava.

— Não sei dançar. Meu povo não tem esse costume. Dance, tuxaua, e eu vou segui-lo.

No entanto, enquanto o tuxaua ia para o meio da grande oca, com sua membi de canela de cotia, para marcar o começo da festa, o moço se sentou num canto.

Os homens foram se acercando do chefe e deram início à dança. Mas as mulheres não. Elas se aproximaram do moço do fogo e convidaram:

— É com você que queremos dançar.

— É por sua causa que ficamos na festa.

— Você não nos quer? — diziam.

Ele não respondia. Parecia mal ouvir o que falavam e adormeceu. Inconformadas, elas não desistiam:

— Vamos nos entregar a ele, para alegrá-lo.

Mas, ao sentir o corpo da mulher que se chegou primeiro a ele, o moço acordou assustado e, afastando bruscamente a moça, se levantou, muito bravo:

— É isso que vocês chamam de dançar? Que terra é essa de vocês, mulheres sem juízo? Não quero dançar de modo nenhum.

O tuxaua, sem perceber o que acontecia, aproximou-se do grupo, reforçando o convite:

— Então, você viu como se dança?

— Não vi nada, porque suas mulheres ficaram em cima de mim e não me deixaram olhar vocês. Vou-me embora. Não quero que me estraguem. Vou voltar para o filho do sol. Dê-me um pouco de seu fumo.

Depois de dar duas baforadas no fumo do tuxaua, recomendou austero:

— Vigie bem os moços e preste atenção em como são suas mulheres.

Ele saiu, e subiu em direção ao céu, indo direto para o Aiari.

Desesperadas, as mulheres gritaram, pedindo que voltasse para dançarem juntos, ao menos por uma noite. Quando viram que não seriam atendidas, choraram de tristeza.

O tuxaua, indignado, brigou com elas, acusando-as de fazer a vergonha de seu povo. Agora as gentes de outras terras ficariam sabendo de seu comportamento.

— Amanhã vou contar a vocês os Costumes Novos e desde já lhes digo que não quero ver nenhuma mulher com os cabelos de baixo. Vão cuidar de raspá-los. Quem não obedecer morrerá! — ameaçou.

As mulheres, assustadas e infelizes, foram para o porto e se ajudaram umas às outras, para seguir depressa as ordens recebidas.

Quando o sol brilhou, anunciando o dia, o tuxaua chamou por elas e verificou que tinha sido obedecido. Aí lhes revelou os Costumes Novos.

Assim contavam os antigos. E, de um em um, a história veio chegando até aqui.

No tempo dos homens, a eterna presença

Certamente, em tempos remotos, a exemplo de outros grupos primitivos, nossos índios viviam organizados em sociedades de coleta. Sem terem ainda o domínio do fogo, atrelados a costumes diurnos, não tinham o hábito do plantio ou da criação de animais em cativeiro. Neste tipo de sociedade, como não havia necessidade de tanta força física para a sobrevivência, era possível uma melhor divisão de trabalho entre homens e mulheres. A vida podia ser, então, menos competitiva e mais harmoniosa.

Naquele modelo de organização social, o desejo da mulher, seu poder e a atração que despertava no homem eram, possivelmente, não só aceitos e vistos como naturais, mas também valorizados.

Refletindo sobre o desenvolvimento da história humana, vemos que, com o aparecimento das primeiras sociedades de caça aos animais de grande porte, importância da maior força física do homem ganha destaque lhe assegura certa supremacia sobre a mulher. Ainda assim, naquelas priscas eras, talvez por não ter certeza de seu real papel na concepção, o homem atribui à mulher o poder total de originar a vida, produzindo, sozinha, os seres humanos que vêm ao mundo. Isso garante a ela um lugar inigualável, que o homem respeita e teme, ao mesmo tempo.

Paralelamente, buscando facilitar seu trabalho e não precisar mais estar sempre a caçar e a correr os riscos que isso acarreta, o homem começa a aprisionar os animais e tem, desse modo, a oportunidade de conhecer melhor as espécies que domestica. Ao organizá-las em rebanhos, que passa a manter protegidos, buscando livrar-se da concorrência de lobos e de outros predadores, o homem pode, pouco a pouco, observar a coincidência que há entre as cópulas animais, que passa a testemunhar, e os nascimentos subsequentes de filhotes. Conclui, daí, ser indispensável a presença de um animal macho no grupo, para haver reprodução da espécie. Por associação, logo descobre sua real participação na geração dos bebês. Ainda assim, inicialmente não pode quantificar a extensão de sua contribuição. A fêmea — mulher — continua a ter, dentro de si, o incomensurável poder de transformar o líquido informe — esperma —, que ele lhe oferece, num ser humano formado a sua imagem.

As misteriosas entranhas femininas continuam a ser equiparadas em força geracional, à terra, continente onde se dá todo o ciclo evolutivo dos seres vivos, de onde surgem os vegetais e no qual se reintegram tantos estes, como os animais mortos. É um tempo em que vigora a soberania da Deusa — a Grande Mãe.

Dentro do mesmo cenário, enquanto o homem, por garantia, faz cativos os animais de que julga necessitar para sua sobrevivência e, ao transformá-los em rebanho, torna-se pastor, o lobo — predador natural — é nomeado vilão. Perdendo o acesso a muitos dos animais de que se alimentam, agora reclusos e condenados, pela competição desleal do homem - o colecionador e proprietário autonomeado dos rebanhos -, os lobos famintos começam a atacar os animais aprisionados. Passam a ser, então, considerados sanguinários e ganham a fama de cruéis devoradores.

Analogamente, buscando ter domínio sobre sua cria — o filho — o homem, para certificar-se do direito de paternidade (e de consequente transmissão de direitos), passa a controlar também, como propriedade sua, a sexualidade da mulher. Nesse caso, o desejo feminino, que poderia ter por objeto um outro homem — visto daí em diante como concorrente —, passa a ser uma grande ameaça ao poder masculino.

Por isso, privada de expressar livremente seu desejo, quando não se submete facilmente às novas normas patriarcais, a mulher ameaça, com suas atitudes transgressoras, a segurança do homem. Mas, apesar de todo o cerceamento que impõe, o homem não consegue capturar algo que é próprio da origem do feminino mais profundo, e que segue sendo mistério e poder sem equivalência possível. Passa, então, a comparar as mulheres mais rebeldes a feiticeiras, portadoras das forças do mal.

Foi assim, no extremo desse pensamento persecutório, mantido desde eras remotas como valor inquestionável, que a história da humanidade chegou ao registro de um período de barbárie, em que o poder de crueldade masculino voltou-se principalmente contra as mulheres, as representantes diretas do feminino transformador.

E o descontrole gerado pela ignorância e pelo pavor foi de tal ordem que, já fazendo parte da era renascentista, mas ainda em decorrência de herança reflexa da Idade Média, foi autorizado por bula papal um código penal[47] — o manual oficial da Inquisição — que manchou para sempre a história da sociedade humana. Ao fazer-se cumprir, promoveu o assassinato de talvez mais de 100 mil mulheres, acusadas de bruxaria, como aponta enfaticamente Rose Marie Muraro na introdução à edição brasileira do livro que reeditou tal legislação sanguinária.[48] Ainda em *O feminino e o sagrado*, Catherine Clement estende a 2 milhões o número de europeias mortas durante aquela época, como condenação pela suspeita de feitiçaria.

A espécie de terror, que parece ter acometido os homens naquele período da história e que se voltou criminosamente contra as mulheres, assemelha-se a outros tipos de fobias paranoicas que, através dos tempos, continuam a perseguir grupos religiosos, raciais e políticos e que demonstram, em última instância, o estranhamento diante das diferenças. Ressaltadas pela vivência em proximidade, estas diferenças revelam, indiscutivelmente, a semelhança básica que existe em nós, inerente à própria natureza humana e impossível de ser negada. Por isso, as diferenças se tornam tão insuportavelmente ameaçadoras: elas nos obrigam a encarar, de frente, a perdição de nossa condição humana, cuja perfeição possível está na incompletude.

Contudo, as datas e os números importam, nesta reflexão, somente para que possamos ter a dimensão quantitativa da saga do ser humano, buscando sempre, venturosa ou desgraçadamente, dar um sentido para sua existência, seja buscando um objetivo que idealiza, seja fugindo de um fim indesejável. Mas fiquemos por aqui, no que concerne aos fatos históricos, dos quais só quisemos fazer breve registro, uma vez que já existem aprofundados estudos sobre esse processo (parte deles citadas na bibliografia deste trabalho), que muito melhor atenderão a quem quiser refazer seu percurso.

O que veio à tona, durante esta pesquisa, foi o fato de os mitos indígenas brasileiros narrarem tão precisamente um momento que bem pode ser visto como o do início do patriarcado. Daí a intenção de retomar e ressaltar o significado e a importância desse legado cultural, pois percebi que os mitos nos apontam para os equívocos das relações interpessoais, em especial da relação homem e mulher fundadora de todas as outras, e se oferecem como canais para novas possibilidades de pensá-la, valorizando-a e transformando-a.

Origem de Jurupari

O mito de Jurupari fala de um ente de origem mista, comparado aos seres semidivinos, e da sua missão de legislador. Jurupari foi associado, pelos missionários católicos, ao demônio, como sendo um espírito mau. Talvez isto se deva ao fato de que, por se dizer que era filho de uma virgem e que trazia aos homens novas leis, ameaça a soberania da crença no Deus salvador cristão (de características aparentemente semelhantes às do filho do sol), que os religiosos sempre quiseram impor aos índios.

Se compararmos as histórias de Cêucy e Jurupari com alguns episódios da Bíblia, descobriremos muitas aproximações com passagens que falam de Eva e Maria, assim como de Moisés e Jesus. Como Eva, Cêucy experimenta um fruto que a torna mais mulher e mais poderosa. Como Maria, ela engravida virgem. E mais adiante veremos que a figura de um novo legislador filho de uma virgem aparece em diversas culturas.

Já vimos que, para os indígenas brasileiros, o conceito de virgindade estava ligado ao período anterior ao da primeira menstruação. É fácil entendermos isso: entre eles, na infância e no início da puberdade, meninos e meninas vivem livres, abertos a todo o conhecimento natural e espontâneo. Experimentam, assim, como num brincar,[49] na verdadeira natureza lúdica do termo, os primeiros jogos eróticos, sem que isso se constitua compromisso. Na espontânea vida indígena, a relação sexual que gera compromisso é a que se dá dentro da morada, e a fidelidade é decorrência do próprio sentimento que a intimidade produz. Normalmente as meninas se casam muito cedo, logo depois da primeira menstruação.

Felizmente parece que, apesar de toda a contaminação que a cultura indígena sofreu e vem sofrendo, desde tantos anos, com a invasão e a imposição de novos hábitos culturais por diferentes povos ditos civilizados, esses costumes ainda vigoravam até o início deste século, em alguns grupos.[50]

No mito, *o tuxaua acusa o índio jovem de falta de amadurecimento, de só querer brincar*. Isto demonstra a imediata transformação de valores que se opera com a chegada do fogo, símbolo de poder. A sensualidade espontânea passa a ser criticada. Ele diz também que o rapaz *não sabe separar o feio do bonito, que se comporta como uma criança*. Este conceito de infantil está associado a um ser que ainda não traz estruturados os princípios éticos e estéticos; alguém incapaz de distinguir o que é belo ou o que é bom. Isto porque, ainda que não intencionalmente, o jovem denuncia o novo código, como impositor de conceitos morais rígidos, criadores de antagonismos aos hábitos anteriores.

Quando o mito conta que *Cêucy assumiu o corpo da indiazinha caraíba*, tornando-a um ser excepcional, capaz de interagir com todas as forças da natureza e de ter poder sobre elas, podemos fazer um paralelo com o poder da Grande Mãe, cultuado e investido nas virgens vestais, as conservadoras do fogo de Vesta.

Como nos conta a mitologia romana, Vesta (em grego Héstia) era a deusa do fogo ou o próprio fogo. Seu culto consistia em manter aceso, em seus templos, o fogo que lhe era consagrado e em tomar cuidado para que não se apagasse.[51]

O conceito de virgindade associado às virgens vestais, encarregadas desse serviço, está ligado à palavra *parthenós* ou *virgo*, sendo um conceito moral que qualificava a mulher que não estava sob o poder e a autoridade de nenhum homem. Logo, apresenta uma significação diferente do conceito de virgindade — *virgo intacta* — ligado a aspectos anatômicos, associado à ideia de castidade. Muito pelo contrário, as virgens vestais eram consideradas prostitutas sagradas. Seu defloramento se dava em rituais, e as jovens dedicavam essa passagem iniciática aos poderes superiores da deusa. A partir daí, sua ligação com Eros, o princípio feminino, ficava estabelecida.

Como sacerdotisas, as virgens vestais viviam em templos consagrados à Grande Mãe — senhora da criação. Acreditava-se que uma deusa podia conceber sem perder a virgindade e, quando isso acontecia, o filho assumia as características de herói, salvador ou redentor.[52]

Assim, podemos pensar Cêucy como uma sacerdotisa da Grande Mãe, Yuácacy. Ao engravidar ela se torna proscrita? Como Eva, é expulsa do paraíso? Ou os anciãos reconhecem que ela tem uma missão superior a cumprir, em isolamento?

Na mitologia cristã, a Virgem Maria, no estábulo, entre os animais, dá à luz Jesus, chamado filho de Deus, aquele que veio transformar os costumes de seu povo. Cêucy, numa gruta, perfeitamente integrada à natureza, concebe Jurupari, filho do sol, legislador que traz, ao mundo, os Costumes Novos.[53]

Os caminhos de Jurupari e o fogo

Entre diferentes versões do mesmo mito, há pelo menos uma que conta que, ao nascer, Jurupari já era grande e forte (como Hércules[54]), capaz de se defender dos ataques dos animais. Ainda bebê, teria sido separado da mãe, pelos anciãos, e crescido longe dela. Quando reapareceu, já homem, veio com o rosto coberto, pondo fogo pela cabeça, mãos e pés, confundido, portanto, nesta versão, com o portador do fogo e, mais ainda, com o próprio fogo.

Novamente aí percebe-se o encontro do mito indígena brasileiro com outros tantos mitos universais em que aparecem legisladores que se separam da mãe e só voltam ao convívio social quando adultos, depois de um tempo em que sua história permanece misteriosa. São os tempos conhecidos como de iluminação, o que permite um paralelo com o fato de Jurupari ser descrito como incandescente.

Impossível não perceber, nos mitos narrados até aqui, a presença marcante do elemento ígneo. Vimos que Cêucy, filha de Tupã — o raio ou o relâmpago —, é a mãe de Jurupari — o filho do sol, aquele que vem aos homens trazer o domínio do fogo. Da mesma forma, em mitos de todas as culturas, o fogo aparece como símbolo maior de transformação. Na mitologia hindu, por exemplo, Shiva aparece a Brahma e Vishnu como uma coluna de fogo e cria, assim, o símbolo fálico do *lingam* — a energia masculina.

Já na mitologia judaico-cristã, o livro do *Êxodo* (19-16/18) conta: "Na manhã do terceiro dia, houve um estrondo de trovões e de relâmpagos [...] Todo o monte Sinai fumegava, porque o Senhor tinha descido sobre ele no meio das chamas." É aí que Moisés (aquele que, quando bebê, foi salvo ao ser retirado das águas de um rio) recebe de Deus as Tábuas da Lei, com a inscrição do novo código civilizador de seu povo.

Lendo o Novo Testamento, na passagem conhecida como Pentecostes, considerado oficialmente como o marco do início da Igreja Cristã, encontramos o Espírito Santo[55] (terceira dimensão do divino, o aspecto feminino) descendo dos céus como línguas de fogo. Elas simbolizam os dons supremos que o homem deve perseguir na vida cristã, correspondentes a virtudes a desenvolver: sabedoria, inteligência, conselho, fortaleza, piedade e temor a Deus.

A mitologia greco-romana, por sua vez, traz Vulcano ou Hefesto, também recolhido das águas e que vem a se tornar o deus do fogo. Ele é filho de Júpiter ou Zeus, o deus dos raios e trovões que, coincidentemente, também é pai de Dionísio, o Baco, que terá personalidade bem diferente. Mais adiante, neste mesmo texto, ele nos trará suas lições.

Enfim, tais analogias parecem confirmar que a mitologia indígena brasileira, tal como a conhecemos, não foi forjada pela deformação dos ensinamentos doutrinários que os jesuítas tentaram impingir aos nativos, como alguns ousam insinuar. Ao contrário, conteúdos similares, presentes nas diferentes mitologias, falam de um saber inato ao ser humano em geral. Dessa forma, no estudo comparativo dos mitos universais, transparece não somente a qualidade de nossa mitologia, mas, ao mesmo tempo, a singularidade de sua riqueza simbólica.

Importa agora pensar que, se pudermos ter, em relação ao mito, a mesma postura reverente que temos em relação ao fogo, talvez seja possível deixar-nos penetrar por seu calor e sua luz, admirando-o e, como estivemos todos desde o primeiro homem, fascinados pelo que não pode (e, até os nossos dias, de fato não pôde) ser explicado, que nos arrebata e transporta para além do que é aprisionável.

Bachelard[56] diz que "o fogo, ao contrário da eletricidade, não encontrou sua ciência. Permaneceu no espírito pré-científico, como um fenômeno complexo...". O mesmo ocorre com o mito, ouso afirmar.

Sociedades matriarcais e sociedades patriarcais

Para Bachelard, "a alquimia é uma ciência exclusivamente de homens, de celibatários, de homens sem mulher, de iniciados subtraídos da comunhão humana, em proveito de uma sociedade masculina".[57] A alquimia, acrescenta ele, trata o princípio feminino como superficial — de superfície —, enquanto o princípio masculino é visto como centro de potência. E mais: ensina que o calor feminino ataca as coisas por fora, enquanto o calor masculino as ataca por dentro, no coração, na origem.

Assim como no mito de Jurupari, o fogo do desejo feminino é rejeitado e controlado, enquanto o fogo da vontade e do poder masculino é instituído como original e, dessa forma, oficializado. No entanto, é o fogo de fricção, produzido e passível de multiplicação e que está ligado ao ato sexual, que faz brotar do corpo humano o *fogo* elétrico, que sempre aí está, em potência.

O que se sabe é que tanto a ideia de fricção para produzir o fogo como a de choque entre duas forças (pois talvez as primeiras observações do fogo natural tenham vindo através dos raios se abatendo sobre a terra, ou dos vulcões em erupção) estão simbolicamente ligadas ao ato sexual.[58]

A psicanalista Melanie Klein dedicou grande parte de seu trabalho com crianças ao estudo de fantasias ligadas à cena originária, a experiência afetiva que o bebê ou a criança tem da união dos pais em relação sexual e que a criança geralmente interpreta como ato de violência. Segundo essa autora, quando nos jogos infantis a criança encena a colisão entre os objetos com que brinca, está buscando representar ludicamente a cena originária (a relação sexual de seus pais imaginada por ela) e, dessa forma, diminuir a tensão interna que esta *evocação* lhe provoca. O conceito de cena originária foi elaborado primeiramente por Freud no caso clínico descrito por ele como *O homem dos lobos*.[59] No entanto, Freud se opôs à concepção de Jung de que essa cena pertence ao passado ontogênico ou filogenético do indivíduo, ao defender a tese de que possa ser uma formulação da ordem do mito.

Admitindo a possibilidade da ligação entre fogo e sexualidade tanto como experiência pessoal, que fortalece o mito individual, como repetidora de um mito universal, queremos pensá-la, aqui, em sua qualidade de energia.

Neste enfoque, Bachelard nos presenteia ainda com uma história australiana, que ele chama de lenda:[60]

Quando só as mulheres sabiam fazer o fogo e mantinham secreto esse conhecimento, aconteceu que, na ausência dos homens, elas cozinharam sua comida e comeram sozinhas. Para que seus maridos não desconfiassem, esconderam as cinzas e as brasas, ainda acesas, em suas vulvas.

Existe ainda a similitude de Ceiuci — a velha gulosa — com o fogo, se o compararmos a um animal que, como ser vivo, precisa de ar e de alimento para se manter; tem calor e movimento. E mais ainda: como a velha gulosa, o fogo devora tudo que nasce e cresce, é arrebatador e insaciável. No mito da origem do fogo, os índios vão dando de comer à "mãe-do-quente" porque, empiricamente, sabem que precisam alimentá-la, se quiserem mantê-la viva.

Como já vimos, vivendo basicamente em sociedades de coleta, nossos ancestrais indígenas levavam uma vida diurna, ligada diretamente ao poder da terra. A valorização da mulher era decorrência da semelhança de sua característica de *continente* com o espaço gerador da terra. Durante muitos anos, fez parte do ensino formal de história do Brasil, moldado pelos princípios cristãos, a informação de que nossos índios adoravam muitos deuses, confundindo-se a reverência que tinham aos pródigos elementos da natureza de nossa terra com princípios de uma religião politeísta. A verdade é que, originalmente, os indígenas reconheciam apenas um ser supremo e soberano: Cy - a mãe criadora única - protetora e guiadora de tudo nos mundos vegetal, animal ou mineral, em suma, a própria força da natureza.

Voltando nosso olhar para os primórdios, percebemos que, quando passa a criar os animais em cativeiro, nas noites escuras, afastado de casa e usando a fogueira como proteção contra o ataque de feras, o pastor se volta para os fenômenos celestes, fazendo deles seu guia noturno. Observando as estrelas, passa a deslocar para uma outra dimensão o poder, até então, basicamente terreno. O domínio do fogo, ao trazer a possibilidade de controle da luz e de prolongamento da vigília e da não submissão à noite, tão misteriosa como o corpo da mulher, possibilita a migração do culto da Grande Mãe, a Deusa Cy de nossos indígenas, para um poder mais associado às forças do masculino, representado pelo sol. Julgando ter dominado a noite, porque já era capaz de produzir, com o fogo, o clarão que iluminava as trevas, a reverência muda de dimensão, e o homem passa a se identificar com as forças solares.

E, no entanto, *no mito Jurupari, o moço da puçanga-do-frio aparece numa lua nova.* É interessante observar que a imagem da lua nova, em seu primeiro momento de entrada na fase crescente (quando se assemelha ao chifre de um boi), sempre foi usada como um dos emblemas da Grande Mãe.

O ciclo lunar já era analisado, memorizado e utilizado com finalidades práticas cerca de 15 mil anos antes da descoberta da agricultura. Compreende-se, então, o papel considerável da lua nas mitologias arcaicas e, sobretudo, o fato de o simbolismo lunar haver integrado, num único sistema, realidades tão diversas: a mulher, as águas, a vegetação, a serpente, a fertilidade, a morte, o renascimento etc.[61]

Como vimos nas histórias já narradas até aqui, e continuaremos a encontrar mais adiante nos relatos de rituais ligados a Jurupari, as fases da lua (signo tipicamente feminino por seu caráter cíclico, também comum às mulheres) são usadas como referência temporal, o que nos faz pensar que, mesmo contaminados por costumes inteiramente patriarcais, os índios conservavam sua reverência a Cy — a mãe suprema de todas as coisas.

Até o momento em que *o moço portador da "mãe-do-quente" ordenou que as mulheres fossem afastadas*, tanto os maridos quanto o pajé as aceitavam no grupo e acolhiam suas sugestões e pedidos, mesmo quando elas se ofereceram para acompanhá-los naquela aventura, a missão perigosa de procurar a origem do fogo.

Há ainda outro aspecto a considerar: o primeiro movimento delas em direção ao moço visitante é de proteção e cuidado e, até aí, não são reprimidas. Talvez porque estivessem cumprindo seu papel maternal, um campo sempre preservado, inatingível.

E quem é esse moço — portador do fogo — que as mulheres chamam de filho da água e que se diz filho de peixes? Sabemos que a ligação direta entre fogo e água está presente em muitos outros mitos indígenas.

Voltando à comparação dos saberes universais, vemos que, para os guarani,[62] tanto o fogo quanto a água brotam da madeira. Eles acreditam que o fogo vive enclausurado na madeira, de onde é extraído por fricção, e que as águas brotam das raízes das árvores. Para o filósofo pré-socrático Heráclito, o fogo é *o* elemento e "todas as coisas são permutas do fogo", originadas por rarefação e condensação.

No mito de Apatoro — senhor do fogo e do trovão, recolhido da tribo Apalaia, na serra de Tumucumaque, por Felicitas Barreto[63] —, conta-se de um herói cuja borduna era originária de um relâmpago. Após uma batalha, cheia de sangue, a borduna é mergulhada em um igarapé e se transforma no puraquê — o peixe-elétrico.

A mesma ligação aparece no mito de Poronominare,[64] que apresenta diversas aproximações com o de Jurupari. Trata-se de um herói, senhor da Terra, dono de todas as coisas, que nasce no alto de uma serra. Filho de uma virgem, engravidada pela mordida de um peixe, ele já vem ao mundo falando. A jovem índia irá pari-lo sozinha, em reclusão, e, depois de amamentá-lo e vê-lo crescer de forma fantástica, tornando-se homem em poucos dias, ela sobe aos céus, elevada e conduzida por borboletas.

Ainda um outro mito, "O amante txopokod e a menina do pinguelo gigante", recolhido por Betty Mindlin,[65] faz alusão ao peixe-elétrico, na junção da água ao fogo do desejo. Nessa história, o porquê se origina do pinguelo (que pode ser pensado como o clitóris) cortado de uma mulher para livrá-la de uma maldição.

O amante txopokod e a menina do pinguelo gigante

Era uma mulher casada que não gostava do marido e arranjou um amante. Fugindo do contato próximo com o marido, quando chegava a hora de dormir ela deitava longe dele e ficava se imaginando nos braços do homem que amava. Aconteceu que, numa noite, quando estava assim, sonhando acordada com os carinhos que tanto apreciava, apareceu, ali mesmo, junto a sua rede, uma misteriosa mão, que ela, encantada, pensou ser a do amante. Aquela mão sedutora lhe fez todos os agrados que apreciava. Era tão bom que ela consentia, sem se preocupar em não enxergar nem o rosto, nem o resto do corpo do parceiro amoroso. Assim foi por muito tempo: a mão aparecia e a acariciava gostoso. No escuro, ninguém via. Só que, aos poucos, com essas furtivas e intensas carícias noturnas, seu pinguelo foi crescendo, crescendo, até ficar do tamanho de um pênis ereto de um homem viril.

Não podendo mais ocultar a deformidade de seu corpo, quando seu pinguelo já estava tão grande que era impossível escondê-lo, a moça, desesperada, acabou contando seu segredo à mãe, que logo entendeu tudo o que se passava. A mulher mais velha, mais experiente, fez a filha perceber que o aliciador noturno era um txopokod — um fantasma — e pediu ajuda aos homens da tribo para que, naquela noite, quando ele chegasse sorrateiro, pudesse ser tocaiado. Foi o que aconteceu. Os guerreiros depressa atacaram o txopokod, e cortaram fora seu braço — o instrumento transgressor. Então, para que se desfizesse, tentaram cozinhá-lo, mas, mesmo usando toda a lenha, milho e mandioca que puderam juntar como combustível, não conseguiram dar cabo da tarefa. Nem socando o braço daquela alma penada no pilão foi possível acabar com ela. Por fim, desistiram. Com medo de serem atacados por outros txopokods, jogaram fora o braço. Aí o amante txopokod pegou de volta seu membro superior escaldante e tornou a juntá-lo a seu corpo. Por causa do calor do fogo que o braço ainda conservava, o txopokod se jogou num igarapé, buscando refrigério. Mas as águas do riacho, imediatamente, se tornaram ferventes.

Enquanto aquele braço foi se esfriando, pouco a pouco, na travessia das águas de muitos igarapés, o pinguelo gigante da mulher foi cortado, e jogado dentro de um rio, onde virou o poraquê, o peixe-elétrico.

Depois disso, a notícia que se tem é de que a mulher e o marido se separaram, mas ninguém sabe dizer se ela retomou ou não seu romance com o amante tão desejado. Certo é que a paz voltou a reinar naquela aldeia.

Por que o nome Jurupari?

Interessante pensar que, nesse mito, a mulher, insatisfeita com o marido, não desiste de seu desejo. Aceita ter um amante e, por conta do prazer que descobre com ele, recebe, também, as carícias íntimas de procedência indefinida. Mas, então, o próprio desejo é tratado como fantasmático, algo que a submete ao poder de uma alma penada. É alguma coisa ligada ao Mal, que precisa ser destruída, pois transforma a mulher em quase homem, um ser andrógino, uma forma de castigo terrível por ela ter dado vazão a sua sexualidade de maneira transgressora. Transparece, ali, a imperiosa lei de Jurupari, quando a história termina sem afirmar se foi possível àquela mulher reencontrar o amante verdadeiro, perdido porque ela sonhava demais com coisas proibidas.

Afinal, que quer dizer Jurupari? A origem do nome — *iuru*, que quer dizer boca, e *pari,* grade de talas com que se fecham os igarapés, para impedir que o peixe saia ou entre à vontade — traz o sentido "boca fechada", que se encaixa perfeitamente com o conteúdo mais impregnado em seu mito: o segredo.

Os índios também associam o nome Jurupari a pesadelo, talvez exatamente porque, no processo onírico, emergem conteúdos psíquicos reprimidos que nossa consciência teima em esconder, tamponar. Esses sonhos maus, que nos assustam e até nos fazem gritar descontroladamente algumas vezes fazendo-nos despertar aterrorizados, encontram, na censura onírica, a equivalência de mordaça.

Mão-na-boca é outra forma de entender o nome Jurupari, interpretação ligada ao grito contido, à palavra que, escapando, pode denunciar e precisa, por isso, ser silenciada. Que palavra seria essa? Desejo?

Fogo dominado

O mito de Jurupari nos fala da instauração do patriarcado. O poder das mulheres é interditado, e a história indígena não deixa dúvida: é o desejo feminino que passa a ser proscrito.

Tudo isso é precedido pelo domínio do fogo, pelo surgimento da "mãe-do-quente" e de um emissário que - tal como o João Batista bíblico, profeta do Novo Testamento, também à beira de um rio, anuncia o Salvador que viria - , chega às vésperas de Jurupari, o transformador dos costumes, para trazer o fogo. Impossível não pensar, por analogia, no mito de Prometeu, narrado por Hesíodo, na *Teogonia*, no século VIII a.C. Numa versão simplificada, tragamos, aqui, seus elementos mais significativos, para seguir nossa reflexão:

Mito de Prometeu

A história fala de um protetor dos homens: Prometeu. Ele queria lhes dar o fogo, até então posse exclusiva dos deuses. Para isto, negocia com Zeus, senhor da luz e dos raios, prometendo sacrificar-lhe um boi, como oferenda. Mas Prometeu resolve trapacear no cumprimento do contrato e, dividindo o boi em duas partes, oferece a Zeus apenas os ossos, ocultos sob a capa de gordura.

Zeus, encolerizado ao descobrir que fora enganado, se nega a lhe entregar o fogo. Prometeu não se conforma, rouba o fogo e o traz à Terra. Para castiga-lo, Zeus pede a Hefesto - o ferreiro divino - que fabrique uma mulher, bela e sedutora. Pandora, nome dado a esta que foi a primeira mulher, forjada no fogo, traz ao mundo um vaso fechado com a recomendação severa de não abri-lo.

Como se trata de uma punição, é fácil adivinhar que o pote será destampado pela mulher curiosa em saber de seu conteúdo. E, de dentro dele, saem, irrefreáveis, todos os males que iriam permear a humanidade para sempre.

Foi exatamente assim, dizem, que aconteceu. Mas, ao final do mito, aparece algo que talvez nos possa servir de consolo: retida pela tampa, no último momento, foi preservada, incólume, uma última habitante do vaso: a esperança.

O ditado popular, de boca em boca, cultura através de cultura, repete, ainda hoje, a lição do mito grego, quando nos faz dizer, quase involuntariamente: "A esperança é a última que morre." Seria a esperança, então, um dom cuja natureza tem um tempo diverso ao dos outros males do mundo? É importante saber que Pandora, cujo nome significa *todos os dons* e que fora dotada de encanto e desejo inquieto, recebeu também de Mercúrio a arte da palavra, para que pudesse ser senhora de um discurso insinuante. Pandora, assim como Eva, representa a primeira mulher sedutora e curiosa, e vem, ao mesmo tempo, reforçar a afirmação que o mito indígena traz: a existência ameaçadora das mulheres *sem juízo* que têm, na sedução e na curiosidade, os atributos que Jurupari quer interditar. "Dar a Palavra é um ato amoroso", afirmou Rabelais,[66] e a palavra garantirá à mulher uma amorosa prenda divina.

O domínio do fogo produz transformações culturais, como a criação de animais em cativeiro, o que vai dar origem às sociedades patriarcais, provocando, com isso, o surgimento de novas tarefas e afazeres para as mulheres. A domesticação feminina, o confinamento da mulher no espaço doméstico, junto com a apropriação do pelo do carneiro (que, cativo, passa a ser tosquiado, privado de seus pelos, como aquelas mulheres punidas por Jurupari) e, mais tarde, o cultivo do algodão, vão originar matérias-primas para novas funções femininas: de fiandeiras e de tecelãs.

É Ana Maria Machado quem nos traz a ligação dessas capacidades de fiar e de tecer com a palavra e o desenvolvimento da transmissão oral:

> ... esse processo reforçou também as comunidades femininas, de mulheres que passavam o dia reunidas, tecendo juntas, separadas dos homens, contando histórias, propondo adivinhas, brincando com a linguagem, narrando e explorando as palavras, com poder sobre sua produtividade e autonomia de criação.[67]

Com o domínio do fogo, o homem ganha a capacidade de transformar, que, até então, era exclusividade do corpo feminino. A mulher, detentora do princípio criador, é agora enfrentada diretamente pelo homem, que se faz transformador, capaz de, pelo fogo, forjar, dar forma, poderes que ele tanto invejava no mistério do corpo feminino.

Mais adiante veremos, como nos aponta Rose Marie Muraro,[68] que é nessa passagem que *a inveja do útero* vai se estabelecer e estimular, por formação reativa, a inveja do pênis,[69] conceito psicanalítico que Freud conseguiu tornar conhecido e aceito universalmente.

O castigo imposto às mulheres indígenas que queriam *agradar* o moço, aquecê-lo, dançar com ele e até entregar-se a ele para alegrá-lo, foi o de se rasparem embaixo, ou seja, deixar exposta a entrada do caminho desconhecido, misterioso e, por isso mesmo, ameaçador: o caminho do impossível e almejado retorno ao útero, a senda da origem da vida. Durante a Inquisição, este era um dos meios de tortura. As mulheres eram despidas, seus cabelos e pelos raspados à procura de objetos enfeitiçados escondidos nas partes íntimas, "que não devem ser mencionadas",[70] conforme determinava o código penal daquela época.

Como aparece descrito em *O Martelo das feiticeiras*, o que ocorria nas leis da Inquisição, na fala do pajé — "Não quero ver nenhuma mulher com os cabelos de baixo" — o órgão sexual feminino, encoberto de pelos, também não é nomeado. Pensemos, pois, a questão do poder da nomeação.

Nas antigas civilizações, tanto para os egípcios quanto para os celtas e para os judeus, nomear era um ato sagrado. Da mesma forma, para os costumes de nossos indígenas, nomear é dar existência, identidade. É a palavra-habitante,[71] aquela que marca com o sinal divino.

Nesse caso, o sexo da mulher, cujo portal, a vagina, não pode ser nomeado, representa o potencial secreto de alguma coisa terrivelmente ameaçadora:[72] o desejo feminino, que controla o fogo invisível da criação, guardado no cofre secreto - o útero - , a que todo ser humano (e, portanto, todos os homens também) já nasce submetido.

Rituais de iniciação

113

Rituais de iniciação são formas de renascimento, maneiras de estabelecer um novo começo, ao término de cada ciclo, assegurando que a passagem vida/morte/vida aconteça de forma precisa, determinada e contínua.

Sabemos que meninos e meninas, de qualquer raça ou época da história, passam por grandes mudanças corporais e psíquicas durante a puberdade. Nas mocinhas, as mudanças são mais evidentes e mais facilmente observáveis pelo crescimento dos seios, ligado à ideia de potência para a maternidade e seios e, principalmente pela chegada da primeira menstruação, um acontecimento marcante na vida de toda mulher. Se pensarmos no sangue como símbolo de energia vital associado, portanto, ao fogo, podemos compreender melhor que a menarca seja, por si só, um princípio iniciático e provoque um rito de passagem natural. Talvez com o objetivo de estabelecer uma equivalência entre moças e rapazes, algumas sociedades instituem cerimônias de iniciação masculina. Ainda hoje, em vários rituais primitivos de povos de diferentes lugares do mundo, os meninos são separados das mães e vão ser iniciados na casa dos homens.

Rose Marie Muraro observa sobre esses costumes masculinos:

> ... em quase todas essas iniciações o ritual é semelhante: é a imitação cerimonial do parto, com objetos de madeira e instrumentos musicais. E nenhuma criança ou mulher pode se aproximar da casa dos homens, sob pena de condenação à morte. Desse dia em diante o homem pode parir ritualmente e, portanto, tomar seu lugar na cadeia das gerações.[73]

Mas nem todos os homens chegam a conhecer o segredo. Só aqueles que, chegados à puberdade, deram prova de saber suportar a dor, mostrando-se seguros e destemidos. Câmara Cascudo[74] chama a atenção para o fato de que os usos, as leis e os preceitos ensinados por Jurupari são conservados pela tradição e continuam "a ser professados e escrupulosamente observados por numerosos indígenas na bacia do Amazonas".

O culto de Jurupari engloba três festas:[75]

- A primeira, para os bebês

- A segunda, para os meninos, com dois momentos: um relativo à infância e outro de entrada na vida adulta

- A terceira, para as moças.

Em todas essas cerimônias, estão presentes os princípios de fortalecimento, mas, enquanto no ritual das mulheres (tanto para as bebês quanto para as mocinhas), o enfoque é a fecundidade feminina, nas festas dos homens a missão de manter o segredo é de importância tão vital quanto a que se dá à valentia e ao destemor dos rapazes.

Feminino: a divina força humana

Da mitologia cristã aprende-se, nas lições do Velho Testamento, a submissão a um Deus-Pai intransigente e impressor das leis patriarcais mais severas. Seu perdão, quando concedido, exige sacrifícios imensos ao ser humano. No entanto, a vinda ao mundo de seu Filho — Jesus —, nascido de Maria, uma virgem humana, trará um olhar de humanização e uma outra compreensão, inaugurando um Novo Testamento. Jesus será aquele que, com o exemplo de Sua vida (relatada por seus discípulos), promoverá a transformação de muitos dos preceitos tradicionais.

Pode-se ler na passagem do Evangelho de Lucas[76] que Jesus, ao visitar as irmãs Marta e Maria, encontra na casa delas uma receptividade especial. Marta se apressa a cuidar dos serviços domésticos, preparando a refeição da melhor forma, para servir àquele visitante ilustre, à altura de seu merecimento. Sua irmã, Maria, ao contrário, posta-se junto a Jesus, aproveitando, com prazer, aquela ocasião especial de ouvi-lo. Marta, então, se revolta. Sente-se em situação inferior, inconformada com a posição privilegiada de Maria, de estar junto ao Senhor, gozando descansadamente de sua companhia. Muito aborrecida, critica a irmã e pede a anuência de Jesus. Para sua surpresa, o Mestre diz que Maria escolheu a melhor parte, a qual não lhe será negada.

Neste episódio, a valorização evidente da mulher como companheira de troca, de diálogo, digna de compartilhar o conhecimento e de participar da transmissão, mostra-nos um novo aspecto do divino, que estimula as mulheres a ocuparem esse espaço de parceria, sem culpa ou pudor. Ainda mais porque Jesus alerta Marta para a possibilidade de escolha própria, mostrando que o fato de uma mulher cuidar de tarefas domésticas não precisa ser, obrigatoriamente, uma imposição a que deve se submeter.

Em outra ocorrência, conhecida como "As bodas de Caná"[77] quando Jesus melhora a qualidade do vinho servido num casamento e faz com que aquela bebida surja em quantidade muito maior, é atendendo ao pedido de sua mãe, Maria (que nessa ocasião ele chama — Mulher!), que ele faz o milagre. Naquela festa, a atitude de Jesus está, portanto, não só diretamente ligada à realização da vontade de uma mulher — o que ele, ao assim nomeá-la, ressalta — como se expressa através da própria energia feminina, uma vez que ele tratou, ali, de efetuar operações de transformação e multiplicação, processos femininos por natureza. Esta mesma energia é ativada quando, de outra feita, ele produz o aumento fantástico do número de pães e de peixes[78] para saciar a fome de uma multidão que o seguia.

Alguns textos[79] falam também do papel de Maria Madalena, aquela que na Bíblia aparece tanto como uma prostituta regenerada quanto como uma discípula de Jesus — a preferida - que testemunhou e anunciou a Ressurreição.[80] Por fim, lembremos que, contrariando as leis patriarcais de Moisés (estabelecidas no Velho Testamento), Jesus defende a mulher adúltera, livrando-a do apedrejamento e ensinando aos que a queriam supliciá-la: "Aquele que dentre vós está sem pecado, seja o primeiro que atire pedra contra ela."[81]

Mesmo assim, a Igreja Católica — instituição cujo poder foi fortalecido pelos princípios patriarcais — é incrivelmente cautelosa quanto a reconhecer o poder feminino como sendo da ordem do divino. Maria, a mãe de Deus, tem presença quase coadjuvante nos Evangelhos e só em 1854, quando se instaura o dogma da Imaculada Conceição, passa a ser oficialmente reconhecida pela Santa Madre Igreja. Sua divindade é confirmada pelo registro oficial da Assunção de Nossa Senhora, em 1950, mais adiante é proclamada Rainha por Pio XII (papa de 1939 a 1958), mas só recebe, enfim, o título maior, de Mãe da Igreja, em 1964.

Por outro lado, é importante registrar que data do século XIII a valorização dos aspectos terrenos e humanos de Maria. É Francisco de Assis, aquele religioso que tem, como companheira espiritual uma mulher - Clara - quem ressalta a importância dessas características e que as introduz na prática da Igreja Católica. Defendendo a não propriedade e a aproximação do ser humano com a natureza e tratando fraternalmente animais, vegetais e minerais, que nomeia de irmãos, São Francisco integra o aspecto feminino em seu discurso e em seu fazer diário. São de tal relevância os ecos de seu trabalho, totalmente despojado de vaidade e ambição, que surge, a partir deles, uma nova ordem religiosa, chamada Ordem Franciscana.

No entanto, através da arte, pelas mãos de pintores e escultores, Maria pôde, desde muito cedo, ocupar o lugar de símbolo divino, sendo ao mesmo tempo reconhecida como mulher. Seus seios (compreendendo o ventre e os mamilos), expostos nas imagens das igrejas, serviram para aproximá-la da mulher comum (e vice-versa), permitindo a identificação feminina com aquela que concebeu o filho de Deus e que é, portanto, a responsável direta pela parcela de humanidade que ele conserva.

Consagração de Jurupari e o império do patriarcado

Jurupari, onipotente, onipresente e onisciente como o Deus-Pai do Antigo Testamento, que a tudo vê e ouve, avisa: "Onde quer que eu esteja, posso saber quem vier a me desobedecer!" E assim não deixa dúvidas sobre sua soberania, nem espaço para contestá-la. É o supremo patriarca, o instaurador do domínio do medo. Suas festas, de que as mulheres não podem participar, anunciadas junto com os Costumes Novos, serão todas para festejar sua primazia:

- A festa da menarca, a primeira menstruação da mocinha, aparentemente uma celebração feminina, é o marco, na cultura indígena, da prontidão para o casamento: o fim da virgindade, o ingresso na capacidade de procriação, enfim, o encaminhamento da mulher para um homem, a quem sua sexualidade passará a pertencer.

- A comemoração por se comer a fruta do pucã, outro nome dado à cucura do mato, cujo caldo fecundou Cêucy, sendo, portanto, parte da origem de Jurupari, é uma espécie de sua festa de aniversário. Festejar quando se come esta fruta é enaltecer a concepção de Jurupari, quase uma lembrança de sua existência.

- A comemoração da caça de animais grandes e de bichos de pena, assim como da pesca, é também uma forma de celebrar o poder do homem, já que estas são atividades masculinas, exercidas fora e muitas vezes longe de casa.

Nessas ocasiões, cabe às mulheres o preparo das bebidas e comidas que garantirão euforia e mais prazer durante os eventos. A bebida, fermentada ainda pelo processo natural, depende da mastigação e, portanto, do calor do fogo interno do corpo para ser produzida. É este o aspecto produtivo e valorizado do calor do corpo feminino. Esse mesmo calor de dedicação capaz de produzir o leite materno — que não é cru nem cozido, assim como o mel — na temperatura exata para garantir a sobrevivência e o desenvolvimento do bebê.

Por outro lado, é a bebida fermentada que garante o prazer da festa, promovendo a euforia necessária para a confraternização dos homens. Nesse aspecto maternal, as mulheres tinham assegurada sua função maior, enquanto faziam a fermentação com sua saliva, até que o fogo, que passa a ser produzido pelo homem, venha a alterar essa criação. Daí pra frente, o fogo promoverá a transformação, permitindo, com seu calor, a fermentação do suco das raízes e dos frutos. No entanto, isso dependerá da existência de utensílios – potes - capazes de levar o líquido ao fogo. Nova transformação cultural advirá da fabricação da cerâmica e sobre ela falaremos detalhadamente mais adiante.

De volta ao mito, quando *Jurupari e o moço da puçanga-do-frio pintam em pedra*[82] *os símbolos dos adornos de Jurupari,* metaforicamente a história sugere que ficaria ali, indelével, a marca, o signo patriarcal que não pode ser apagado, perdurando, até nossos dias, como as pinturas rupestres e as esculturas arqueológicas em sítios de todo o mundo.

O elemento mineral — pedra — aponta para conservação. Bachelard observa: "O fogo é gasto no animal, mas deve economizar-se no mineral. Ali ele se oculta íntimo, substancial, portanto onipotente." E conclui: "Do mesmo modo, um amor taciturno é tido como um amor fiel."[83] Inscrito na pedra, o poder patriarcal retém o fogo. Taciturna e pétrea, a lei de Jurupari exige, na fidelidade a um homem, imposta à mulher, a garantia do controle de seu fogo transformador.

Até a chegada de Jurupari, homens e mulheres viviam em relação de camaradagem, sem segredos. *"É tão bom ouvir nossas mulheres nos contando coisas e poder contar a elas, também nossas histórias",* diz o *índio entristecido, já sentindo no coração o efeito do quiriri sombrio.* Vai-se então a alegria e fica cristalizada, contida como que empedrada, a capacidade de se surpreender, condição do conhecimento espontâneo, do amor que é livre para brotar e vicejar.

Enquanto o índio do mito de Ceiuci, perseguido pela velha gulosa, passa a vida aparentemente fugindo e acaba, ao mirar-se nas águas do rio, por encontrar-se consigo mesmo, *o moço da puçanga-do-frio não era capaz de olhar para as mulheres*. Negando-as, mirava narcisicamente a própria sombra nas águas do rio. *Ao ser chamado pelo pajé, olha para o céu* e continua a desviar o olhar da terra, da realidade, do Outro, sua diferença. Ora, a terra — o lugar de onde viemos e para onde retornaremos, seres mortais que somos — é, ela mesma, A Grande Mãe, ameaçadora e poderosa, como continente da vida.

Pensemos, primeiramente, na sombra do moço que Ceiuci vê refletida na água e que o denuncia, e na outra sombra que ele próprio vê, reconhecendo sua transformação, ao fim da fuga. Pensemos, em seguida, na sombra do moço da puçanga-do-frio, buscada na fuga do olhar para o espelho das águas, e na sombra da mãe de Jurupari — Cêucy — que, no mito, aparece e desaparece com ele. A concepção de Jung, ao descrever *sombra* como uma atuação inconsciente de partes simbólicas, nos aproxima uma vez mais da reflexão de Carlos Byington.[84] Este afirma que a atitude da Igreja, no período da Inquisição, ao se investir do padrão patriarcal, projetou sobre as mulheres sua sombra, criando, assim, as bruxas, como bodes expiatórios. Em Jurupari, o bode expiatório é o desejo feminino.

Transformar aquilo que inconscientemente nos aterroriza em demoníaco e justificar assim seu controle ou aniquilação leva, por oposição, a divinizar o imperativo controlador para alcançar a legitimação do comportamento repressivo.

O olhar do moço para o céu, após mirar sua sombra nas águas do rio, e a explicação que dá ao pajé de que estava olhando Cêucy, que lá do alto estaria rindo deles, parecem seguir esse mesmo dinamismo.

"Carneirinho, carneirão, olhai pro céu, olhai pro chão! /Manda El-Rei, Nosso Senhor, para todos (todas?) se... [E uma ordem é dada, devendo ser seguida]."

Assim ensina a tradicional canção popular, que, em roda, as crianças entoam, gesticulando, graciosas, quase mecanicamente, sem perceber, talvez, do que trata o conteúdo da música, que propõe que sejam dóceis como carneirinhos...

E, por aí, retomamos o domínio do pastor.

Sob o domínio do pastor

Assim que chega junto aos índios, Jurupari estabelece imediatamente os preceitos, as novas normas para o comportamento das mulheres. Voltemos a elas:

1. Toda mulher deve ter coração grande.

Ter um coração grande parece louvável, sem dúvida, não fosse uma recomendação feita apenas para as mulheres. Essa doutrinação deixa subentendida a valorização da mulher como mãe, acima de tudo. Basta pensarmos: Quem é que tudo perdoa, ama acima de qualquer coisa e tem o coração usado como seu símbolo? A mãe, sem dúvida.

Então, a capacidade de cuidar, zelar, suportar, desejável a todo ser humano, especialmente àquele que atende a um bebê ou a uma pessoa dependente, passa a ser obrigação exclusiva da mulher, mas o benefício que advém dessa atitude é extensivo a todos. Ela deve a tudo perdoar, a toda injustiça assistir com tolerância infinda, porque *deve ter o coração grande*, um autêntico coração de mãe.

2. A mulher não deve ser curiosa e deve saber respeitar o segredo.

Está aí o impedimento de as mulheres terem acesso ao conhecimento. O segredo de Jurupari significa toda a sistematização de saberes que o homem não deseja dividir com a mulher.

Bachelard fala de um complexo de Prometeu, referindo-se às tendências que nos impelem a saber, tanto quanto nossos pais e mestres ou mais que eles até. Esse desejo de conhecimento motivado pela curiosidade seria interditado à mulher, pelos Costumes Novos que Jurupari traz aos homens. Não podendo ser curiosa, ela estará limitada a um domínio restrito, abrindo mão de toda capacidade de explorar e de conhecer a fundo até mesmo seu próprio corpo.

Pode soar absurdo, mas é comum, ainda hoje, começo do terceiro milênio, com a aparente facilidade de acesso à informação, depois de anos e anos de batalha pela liberdade sexual e pelos direitos femininos, ouvir mulheres, em terapia, confessarem, constrangidas, que nunca se tocaram intimamente, nem mesmo com o intuito de se conhecerem melhor, de saber mais sobre toda a extensão sensorial de seu corpo. Não é raro ouvir relatos sobre a dificuldade que têm em localizar determinados pontos anatômicos do aparelho genital, por nunca terem visto detalhadamente sua própria vagina![85]

Não estranha que, nesses casos, se atenda tão facilmente ao terceiro preceito de Jurupari:

3. A mulher não deve querer provar o que não é para ela. E o que não é para a mulher? Novamente a palavra não dita.

— Mão-na-boca!

Esta determinação impõe que o desejo e o prazer sexual não sejam para a mulher. Porque, conhecendo o prazer, fatalmente inaugura-se o desejo, e o desejo leva à valorização da liberdade, à reivindicação pelo direito de escolha.

Jurupari vem estabelecer a cultura patriarcal. Vem tomar das mulheres o direito à espontaneidade de lidar com seu fogo próprio. Vem impedir que elas exerçam a arte de atiçar, feminina por essência. Vem destituí-las do poder ligado à terra e, com isso, desvaloriza a própria terra e a profana. Não espanta que, com o legislador dos Costumes Novos, tenha chegado o *quiriri* - o silêncio espectral. Punidas por serem as portadoras do mistério, as mulheres terão, dali pra frente, que se submeter ao segredo.

O engano comum está em pensar que mistério e segredo possam, de alguma forma, se equivaler. Este é, aliás, um equívoco profundo das instituições acadêmicas: querer sistematizar o que é da ordem do mistério em conhecimentos *secretos*, somente acessíveis a poucos privilegiados. Este é um erro que o pensamento científico cometeu por muito tempo e ainda hoje comete, muitas vezes. Porque o que é da natureza do mistério não pode ser apropriado, não pode se tornar propriedade e, portanto, não pode ser capturado, nem controlado. Assim, a mulher, apesar de cativa, continuará a ter poderes ilimitados ao não se conformar às leis do patriarcado, porque o mistério do feminino inato não pode ser aprisionado.

Os mitos, no entanto, não são simples relatos de ocorrências de um tempo não delimitado. Muito mais que isso, eles são uma coleção de signos. São histórias do que sempre existiu e sempre se repete com a humanidade. Por isso, nos fazem chegar à linguagem simbólica *in natura*.

A psicanálise nos ensina que a repetição se dá pela esperança na transformação de conteúdos psíquicos. Daí a sensação de inter-relacionamento entre os elementos de mitos da mesma origem ou de origens diversas, e a conversão que se dá a partir de seus relatos, única forma de tradução possível de sua linguagem: o deslizamento de significados de um mito a outro.

Porque o mito é vivo, ele se faz e se tece entranhado na nossa vida psíquica. E sempre prossegue...

As Amazonas: porque o que tem nome existe!

— Menino, o que tem nome existe!

Foi assim que a índia Merenta, a babá amazonense de Fernando Lébeis, lhe respondeu quando, ainda criança, ele perguntou se existia de fato lobisomem. Resposta sábia, que serve muito bem para nosso estudo do valor do mito, em geral, e de qualquer conteúdo mítico, em particular.

Se o que tem nome existe, o oposto não parece verdadeiro. O que ainda não tem nome e já existe como energia, pode ser percebido fantasmaticamente e se tornar, assim, causa de angústia. A nomeação é uma forma de ligar ideia e representação. Dentro de cada um de nós, a formulação de conceitos (não a simples repetição dos conceitos alheios, que não tem a mesma função), através da linguagem, amplia a possibilidade de circulação pulsional. Daí a importância do reconhecimento que a criança faz de seus sentimentos latentes, ao ouvir contos de fadas, identificação que a tranquiliza e reassegura. Continuamos, todos, por esse mesmo processo, vida afora, nos múltiplos encontros de conteúdos internos que a linguagem, em suas variadas expressões, nos permite realizar.

Quando ouvimos o relato de Jurupari, percebemos algum momento mítico em que a força do masculino se impõe ao feminino criativo, espontâneo, gerador e, por isso, potente. A instauração do *quiriri* sombrio — do silêncio e das palavras caladas, não ditas, mal ditas (perguntas e respostas não exercitadas por pudor, hábito, comodismo) — aumenta o medo, provocando mágoa e ressentimento, nem sempre identificados.

Importante lembrarmos que, quando isso chega a se dar nas relações interpessoais, já é, antes, realidade intrapsíquica. Faz parte, portanto, de um dinamismo próprio que nos leva a buscar, nas relações afetivas, o lugar de projeção e de repetição de processos internos. Projetar no outro nossas dificuldades e nossos anseios é um mecanismo usado inconscientemente para postergar questões difíceis de enfrentarmos em nós mesmos. No entanto, este enfrentamento de nossos próprios embargos é fundamental para que possamos estabelecer relacionamentos maduros e fecundos.

Ao tentar aportar em outras culturas para criar paralelos com símbolos já conhecidos, a densidade da mata virgem, que se abriu à minha frente, repleta de elementos difíceis de decifrar, ao mesmo tempo me atraía e amedrontava. Tal escolha pareceu-me, por vezes, aumentar a complexidade das buscas. Só o que sabia é que, mesmo reconhecendo que a jornada mítica é uma viagem infindável, precisava continuar um pouco mais, indo ao encontro de algum sentido, ainda que temporário, que me permitisse certo repouso até avistar uma nova terra a alcançar.

Assim, nessa travessia mítica, tal como ocorreu com os navegadores de outrora, antes de quase naufragar nas tormentas de mares inacessíveis, vim dar, quase à deriva, num nevoeiro espesso que, ao se abrir, me fez entrar em contato com um mito universal, conhecido como o mito das Amazonas.

A intersecção entre Jurupari e as Amazonas me parece natural e é confirmada pela associação que também faz entre eles Silvia Maria Carvalho,[86] quando chama este último evento mítico de "instituição da expulsão feminina", chegando a levantar a hipótese de que o mito cristão da revolta dos anjos teria sua origem no arcaico mito das Amazonas. Nesse caso, Lúcifer, o anjo transgressor, passa a ser uma das formas aterrorizantes de simbolizar o poder da rainha daquela sociedade de mulheres.

Há aí uma conexão possível com a figura mitológica de Lilith, que teria sido a primeira mulher de Adão, abandonada por ele, tornada proscrita e considerada diabólica, por queixar-se da submissão a que estava exposta. Lilith, nos conta seu mito, queria ter os mesmos direitos do companheiro e, qual Lúcifer, insurgindo-se contra o Criador, passou a representar o mundo das sombras. Na continuação dessa história, a segunda mulher de Adão, Eva, que foi criada para que ele não ficasse sozinho, teria sido feita de parte do seu corpo — uma costela —, sendo, portanto, considerada naturalmente inferior e dependente dele, desde sua origem.

O certo é que a sabedoria popular revela outras ligações entre o conteúdo desses mitos. Thiago de Mello,[87] o sábio poeta de nossa floresta, recolheu o depoimento contemporâneo de um caboclo que diz: "Todo mundo já nasce sabendo delas — as icamiabas. Só eram índias fêmeas. Só em 25 de dezembro é que iam lá do outro lado e traziam os índios. Só os que elas queriam, para fazer o desejo delas, que era só uma vez por ano."

Pela fala desse homem amazônico existiria uma coincidência entre a data determinada como a do nascimento de Cristo[88] — o legislador cristão (nascido de uma virgem) — e o dia em que as Amazonas — "icamiabas" — efetuavam o culto de conservação do poder feminino de geração independente. Este poder era garantido pela criação de filhas mulheres dentro do mesmo princípio não servil. A repetição da data parece apontar para um mesmo esqueleto sustentador desses mitos (e de tantos outros, em que a mesma coincidência acontece), um arcabouço preservado, apesar das transformações que as histórias vão sofrendo no processo de transmissão oral, pelos povos, ao longo dos tempos.

Os irmãos Villas Boas,[89] recontando os mitos do grupo indígena Kamaiurá, falam de um tempo em que os instrumentos musicais sagrados pertenciam às mulheres — as Iamuricumá. Só elas dançavam e cantavam, tocando o jakuí, uma flauta que os homens não podiam ver. Se por acaso um homem avistasse a cerimônia, era agarrado e violado por todas as mulheres. O Sol e a Lua, insatisfeitos com essa situação, resolveram assustá-las. O Sol enfeitou-se com penachos e braçadeiras e fez um horí-horí, e começou a girar fortemente aquele zunidor, provocando um barulho enorme, que deixou as mulheres apavoradas. Elas fugiram, abandonando as flautas, e os homens rapidamente se apoderaram dos instrumentos. Deste modo o Sol e a Lua destituíram as mulheres do poder que tinham e o entregaram aos homens, impondo: "Desse jeito é que está certo!"

No mesmo livro, contam também um outro mito, no qual as Iamuricumá se juntaram, formando o grupo das mulheres sem homens.

As Iamuricumá

Aconteceu em protesto ao comportamento dos maridos. Ao saírem para pescar, eles abandonaram a tarefa e se juntaram numa algazarra grupal, transformando-se em porcos e outros animais do mato. A mulher do chefe mandou o filho procurar os homens e, quando soube o que estava acontecendo, reuniu as mulheres da aldeia e convenceu-as a partir. Seguindo a líder do grupo, todas se enfeitaram com colares, braçadeiras, penachos, pintando o corpo com tinta de urucu e jenipapo, da mesma forma que os homens faziam.

Começaram então a cantar e dançar e, sem interromper aquele cerimonial, se puseram a caminho, levando como guia um velho índio, que vestiram com um casco de tatu. Ele ia cavando a terra, na frente do grupo, abrindo a passagem. Assim, as mulheres seguiram e, indo dar no lugar onde seus homens tinham ido pescar, não pararam, nem mesmo quando eles chamaram por elas. Continuaram, assim, viajando sempre, dias e noites seguidos.

Ao passar pelas aldeias vizinhas, o grupo foi sendo seguido por outras índias, que, desobedecendo a seus chefes, se juntavam às Iamuricumá. Conta-se que essa reunião inicial teria dado origem a mulheres sem o seio direito, característica que teriam adquirido pelo uso, que passaram a fazer, do arco e flecha.

Pois bem, vejamos o que sobreviveu, na literatura escrita, como a *Lenda das Amazonas*. A história, contada vulgarmente hoje em dia, tem inúmeras versões[90] que trazem, como espinha dorsal, o relato assim sintetizado:

Lenda das Amazonas

Era uma sociedade de mulheres guerreiras que, voluntariamente, se separaram dos homens, indo viver em grupo. Elas só recebiam parceiros em ocasiões especiais e, para tanto, criaram um sinal específico: a colocação do muiraquitã — uma pedra verde que punham na beira d'água. O pretendente ao encontro amoroso precisava pegar a pedra, para usar, como um passe livre — uma identificação — e chegar à mulher que deixara o amuleto como oferenda.

Os muiraquitãs eram recolhidos na véspera, de dentro do lago sagrado, após uma celebração feita em lembrança das vitórias das mulheres sobre os homens. Este costume talvez fosse uma forma ritual de fortalecimento da postura das Amazonas de se manterem reclusas num convívio exclusivamente feminino. Elas se purificavam e, só então, retiravam das águas as tais pedras, que funcionariam como símbolos individuais para a formação dos casais.

As crianças, nascidas dessas uniões esporádicas, que aconteciam apenas por uma noite, seriam conservadas entre as mulheres, se fossem meninas; os meninos seriam mortos ou entregues aos homens, para serem criados por eles.

Alguns ritos dos nossos indígenas parecem renovar periodicamente essa passagem. O Iumuricamã é um exemplo disso. Não há um tempo certo para sua realização; às vezes pode demorar anos para ser repetido. Este ritual, no entanto, parece ser também uma manifestação reativa, pois ele existe em oposição ao karytu — verdadeiro rito de

Jurupari, celebrado pelos indígenas da região Xinguana, com a finalidade de estimular o trabalho coletivo dos homens.[91]

Existem versões, como a de Cristobal Acuña,[92] que chegam a localizar exatamente o lugar onde viveram essas mulheres poderosas e de riqueza sem igual, que "possuem tesouros capazes de enriquecer o mundo todo". Acuña fala de um monte chamado Tacamiaba, entre as cordilheiras da Guiana por onde corre o rio Curumiz, cuja embocadura fica situada a vinte graus ao sul do Equador, como sendo o lugar onde viviam as Amazonas. Naquele relato, elas são amigas dos Guacari, seus vizinhos e parceiros sexuais esporádicos e é possível entrever um novo aspecto na interpretação da mesma história: a possibilidade de a relação entre aquelas mulheres e os vizinhos ser cordial, de camaradagem e parceria sexual, mesmo sem haver convivência diária ou compromisso.

A verdade é que o mito das nossas Amazonas, ainda quando tratado vulgarmente, como historinha sem valor real, é assunto sobre o qual muito já se pesquisou e estudou até hoje. Ainda quando desvalorizado, foi sempre reconhecido como uma questão em aberto, até mesmo pelo público erudito.

Um exemplo histórico disso é que o mito das Amazonas foi tema de um programa oficial criado por D. Pedro II, que encarregou Gonçalves Dias de desenvolvê-lo.[93] Embora Gonçalves Dias seja um poeta brasileiro reconhecido como indianista e, de certa forma, defensor da influência da língua tupi nas transformações do português oficial, seu trabalho sobre as Amazonas é contaminado pela descrença quanto ao valor real dos mitos. Em sua análise, ele, inicialmente, parece pretender que se possa exigir prova real da existência de tais mulheres guerreiras. Ao concluir não ser viável reunir tais provas, descamba para uma tentativa de destruição de todas as histórias recolhidas até então como verídicas, fazendo considerações finais que parecem, no mínimo, preconceituosas, baseadas que são em dados estatísticos, que se tornam facilmente sem fundamento, com o passar do tempo.

Por exemplo, afirma que, como na época de sua pesquisa, o número de homens que nasciam fosse muito superior ao número de mulheres nascituras, era pouco provável que um grupo feminino sobrevivesse, se dependesse de uma reprodução tão complexa, levando-se em conta, além das características descritas pela lenda, os abortos, acidentes etc.

Apesar disso, julgamos que, neste trabalho, as pesquisas de Gonçalves Dias trazem importante contribuição, como material de estímulo à reflexão. Ao reunir o pensamento de autores de todas as épocas (anteriores e contemporâneas à sua) e de todos os lugares do mundo, nosso poeta nos faz ver que o mito das Amazonas, existente desde a Grécia Antiga, trata sempre de um mesmo princípio: mulheres que vivem em sociedade exclusivamente feminina, sem maridos.

Por aparecerem como criaturas autossuficientes, destaca-se, nos relatos, o lado guerreiro das Amazonas, mas é fácil imaginar que isso aconteça exatamente porque batalhas não são um costume comum ao mundo feminino e não porque o aspecto combativo fosse, obrigatoriamente, o aspecto mais valioso daquelas mulheres sem homem. O importante é que, em nenhuma das versões do mito, se diz que as Amazonas tenham repulsa aos homens, muito pelo contrário. Aqui, na tradição indígena, o sentido dado ao termo virgem é o mesmo atribuído às sacerdotisas vestais: o de não pertencerem a nenhum homem; de serem livres para escolher seus parceiros sexuais. Segundo a lenda, as Amazonas agem assim, espontânea e periodicamente.

Para explicar a possibilidade de ter existido um grupo organizado exclusivamente por mulheres, que teriam sido chamadas de Amazonas brasileiras, Gonçalves Dias termina por propor que estas seriam índias da nação Tupinambá, sobreviventes ao massacre que este grupo sofreu dos Caraíba. Sendo assim, as pedras verdes, usadas pelos guerreiros Tupinambá, mortos em combate, teriam sido preservadas por suas companheiras índias, como amuleto. Esta tese derrubaria a parte mitológica que conta o significado simbólico da pedra verde e, ao mesmo tempo, justificaria a solidão daquelas mulheres, qualificando-as de viúvas, ao invés de acreditar que pudessem viver sem homens voluntariamente.

Vale destacar que também o símbolo da pedra verde é comum a diferentes histórias de Amazonas, ao longo do tempo e pelo mundo afora. Cabe aqui pensar em seu significado para nossas considerações. O enrijecimento tão forte da argila, de que eram feitas as pedras, só poderia se dar através do fogo, o que situa essa provável sociedade de mulheres no período posterior ao domínio do fogo, quando houve o estabelecimento da sociedade patriarcal.

Em vista das coincidências encontradas nas diferentes histórias de Amazonas, pode ser procedente, para o historiador ou para o etnógrafo, buscar saber se foi a cultura europeia que contaminou a cultura indígena ou vice-versa. Já para o estudo dos mitos e em relação a tudo o que se possa aprender através de seus conteúdos, esta questão não tem a mesma importância. Basta lembrarmos que, como já foi dito, a linguagem mítica, tal como a linguagem do inconsciente, ultrapassa os limites de tempo e espaço. Não se insere neles. É no campo da metáfora que ela encontra seu valor.

Enfim, quer seja estudado como herança asiática, grega ou indígena brasileira, o mito das Amazonas nos apresenta um grupo de mulheres que, não aceitando o domínio dos homens, tornam-se independentes, exercendo todas as funções necessárias à sobrevivência, tais como: a montaria, a caça e a luta contra adversários que as queiram subjugar.

Gonçalves Dias compara essa possível sociedade aos quilombos dos negros escravos. Se quisermos aproveitar a analogia, podemos destacar a busca da liberdade como o principal elemento comum àquelas duas sociedades. E, ao ousar avançar um pouco mais, ir além, pensando que os escravos negros, da mesma forma que as mulheres, eram tratados como animais domesticados, que viviam a serviço de um senhor.

Um outro ponto a ressaltar é que em todas as versões da lenda das Amazonas faz-se referência à ausência de um dos seios. Ora diz-se que ele foi extirpado, ora que foi cauterizado — novamente a presença ígnea. Segundo Hipócrates, ele teria se atrofiado para dar mais vigor ao braço que entesa o arco. Esta coincidência nos faz pensar no significado simbólico do seio e em como pode ser mobilizador, principalmente para estudiosos do sexo masculino, pensar um grupo de mulheres com apenas uma mama. Remeto-me novamente a Melanie Klein e sua teoria do seio bom e seio mau, para exemplificar como são percebidos os cuidados maternos em seus aspectos amorosos e hostis. Faz pensar que mulheres não subjugadas à maternidade (e que, pelo contrário, ainda a utilizassem como princípio reafirmador do direito de liberdade de criar ou não criar seus filhos) deveriam, aos olhos dos homens, representar apenas o seio mau, um seio agressivo, destrutivo.

Não posso deixar de refletir na vida da mulher contemporânea, tão sacrificada pela exigência dos múltiplos papéis que precisa assumir e onde a maternidade passou a ser uma conquista alcançada com um ônus tão grande para sua realização pessoal. Para conciliar as muitas funções que desempenha como mãe e uma vida profissional bem-sucedida, ela precisa se desdobrar heroicamente e muitas vezes acaba por fazer opções e renúncias penosas. E é nesse mesmo contexto que o câncer tem aparecido, frequentemente, como causador da extirpação de um seio. Coincidentemente ou não, o símbolo gráfico escolhido pela campanha para a luta contra esta doença foi, durante muito tempo um alvo, como aquele usado no exercício de arco e flecha.

Voltando a pensar dentro do conteúdo mítico das Amazonas, parece-me significativo que, em consequência do estranhamento entre homem e mulher, elas passem a se apartar em grupo, cuidando de preservar a potência e a fertilidade femininas, sem recusar a capacidade fecundadora do masculino e mantendo, nos ciclos de encontro/partida/reencontro, a energia erótica que garante a preservação da vida e do afeto.

A rebelião das mulheres

Contam que, como os homens se juntassem regularmente para a festa de Jurupari e não as deixassem participar, as mulheres, um dia, combinaram roubar seus instrumentos. Mas não foi tão fácil como esperavam. Durante muito tempo, andaram pelo mato, bem cedinho, logo ao amanhecer, tentando descobrir onde seria o esconderijo, e mesmo assim não conseguiam achar nada. Até que um grupo de mulheres resolveu ser mais audacioso. Montou guarda ao anoitecer, perto da *casa dos homens* — a casa de Jurupari.

Quando as danças terminaram e os homens foram saindo para esconder os instrumentos, as mulheres acompanharam furtivamente o movimento deles e depois, cada uma delas levando uma pequena tocha de fogo, foi direto aonde eles estavam escondidos.

Dizem que os instrumentos tentaram fugir, ao ver o fogo, mas as mulheres foram muito ágeis, e eles acabaram sendo agarrados. Então, elas ocultaram tudo num outro lugar, bem longe dali. Ao anoitecer, quando os homens foram procurá-los, estarrecidos, não encontraram nada. Para disfarçar, as mulheres, muito espertas, tinham ido para uma cachoeira, na foz do rio, e eles, não as vendo por perto, não desconfiaram delas.

Passada aquela lua, as mulheres desejaram dançar. Como não sabiam tocar, foram agradar a um homem fraco, para convencê-lo a lhes ensinar o manejo dos instrumentos. Assim foi que conseguiram seu intento. Quando os homens ouviram o som da música, perceberam o que tinha acontecido.

Diz-se que, então, de posse do segredo de Jurupari, as mulheres quiseram se vingar e passaram a dar ordens aos homens, forçando-os a fazerem, sozinhos, todo o trabalho. Revoltados, eles pediram ajuda ao pajé. Este lhes sugeriu que agradassem às mulheres para terem de volta os instrumentos e, com eles, o poder. Eles assim procederam, e elas, seduzidas, concordaram em devolvê-los, se as deixassem vê-los dançar.

Os homens aceitaram a condição imposta e, quando estavam no meio da festa do Jurupari, as mulheres entraram. Horrorizadas, elas viram que todos os homens tinham agora o mesmo rosto!

E foi assim que, mais uma vez, Jurupari voltou a ser o poder masculino.

Homens de uma só face

A força da palavra ilustra a evidência. O moço da puçanga-do-frio, que aparece no mito, já predissera a homogeneização dos homens quando declarou: "Seria bom que todos os homens sentissem por um único coração."

Os homens, habitualmente muito mais solidários entre si que as mulheres, provavelmente para se fortalecerem como grupo, estabelecem e conservam atitudes padronizadas, que se refletem até nos hábitos mais comuns: as atividades de lazer, a forma de se vestir, os jogos e as brincadeiras que desenvolvem com outros homens, a livre expressão da sexualidade e a violência como padrões de comportamento aceito e, principalmente, o silêncio sobre as questões dos afetos.

Um grupo ter a mesma face, a mesma máscara, simboliza ter o mesmo comportamento defensivo. E é assim que os homens agem, quando negam suas singularidades e não ousam romper o estereótipo, o padrão, o preestabelecido.

Quanto nos ressentimos, as mulheres, do silêncio de nossos homens! No entanto, mesmo quando queixosas, buscamos preencher, com nossas próprias (e muitas vezes inadequadas) interpretações, a lacuna das palavras que não ouvimos, o silêncio do *quiriri* sombrio, que envolve a relação. Apesar de termos consciência da necessidade de promover mudanças nas atitudes masculinas e femininas, nós, mulheres, as principais responsáveis pela educação das crianças (meninos e meninas), continuamos a transmitir-lhes (e/ou permitimos que outros transmitam) os mesmos valores alienantes, do tipo "homem não chora", por exemplo.

Quais as consequências possíveis dessa aparente conformidade? Mais uma vez, nos ocorre pensar nas inevitáveis atitudes reativas. Em resposta ao comportamento masculino, as mulheres vêm, pouco a pouco, perdendo também sua forma espontânea e criativa de ser e se põem, como bonecas fabricadas em série, a serviço de uma padronização.

A ditadura da moda impõe-nos um mesmo modo de vestir, determinando forma, cor e padrão permitidos ou não, mesmo quando essa orientação vem disfarçada de aparente informalidade. Estilo pessoal é considerado excentricidade, e a negação das diferenças individuais chega ao absurdo de permitir que se invente, como já acontece, o tamanho único para as roupas femininas. Como se todos os corpos de mulher tivessem alguma possibilidade de serem iguais! E aí estão as academias de ginástica, as cirurgias plásticas, os preenchimentos, a vulgarização de botoxes e seus similares que dão, a rostos diversos, aparências tão semelhantes e os tornam desprovidos das expressões fisionômicas singulares, quase como se fossem máscaras. E que dizer dos diversos e infinitos tipos de dietas restritivas e medicamentos tóxicos que buscam modelar, na mulher contemporânea, um corpo artificial, estéril, de poucas e delimitadas curvas e nenhum ventre? Uma mesma forma de se pentear, um tipo de cabelo padronizado, tudo isso parece querer-nos tornar bonecasmanequim. A cor e, levada ao requinte, a exigência de determinada tonalidade nos cabelos não escapam à mesma tirania, valorizando-se ou desvalorizando-se a mulher pelo colorido ou pela textura da cabeleira que emoldura seu rosto.

Assim se constrói e/ou se reforça a insegurança feminina, que quase nos obriga a termos também uma mesma e sempre medíocre, porque banalizada, opinião sobre as coisas. E, desse modo, vamos retroagindo e jogando fora conquistas preciosas do tão importante e sofrido movimento feminista, simplesmente porque não queremos refletir — homens e mulheres — em conjunto; porque não queremos, todos, tirar as máscaras, arriscar ser quem somos, de acordo com aquilo que sentimos, voltando a dançar e cantar juntos, num som surgido da sincronia do encontro dos diferentes ritmos em que pulsam nossos corações.

Improvisando a conjunção de opostos

Coniunctio oppositorum é o nome dado por Jung a um tema mitológico primordial: a conjunção de opostos. Nesse encontro, os opostos podem se fundir ou se manter em equilíbrio. E Campbell oportunamente vem propor a imagem de uma dança para simbolizar esse equilíbrio. "O prazer de um casal dançando é o do par de opostos numa relação harmoniosa."[94]

Música, bem como mitologia, é uma linguagem universal que não pode ser traduzida em palavras. A tradução da música, assim como a do mito, só se dá em outro elemento da sua mesma natureza. Como linguagens inconscientes que são, é impossível determinar-lhes a origem, mesmo quando, no caso da composição musical, existe a identificação e nomeação de um autor, alguém capaz de captar (e de transmitir) o que de sublime existe nessa mensagem etérea. As manifestações musicais humanas provavelmente surgiram, de início, como canto, antes da fala, reproduzindo melodias compostas a partir da percepção da sonoridade interna do próprio corpo, fundida aos sons da natureza externa. Ou não é assim que se vê o bebê ensaiar sua comunicação, cantando sons nos vagidos, gritos e gorgolejos, até os balbucios?

Depois, a antropologia nos ensina, vieram os instrumentos musicais, moldados a partir das formas corporais (vale consultar a descrição dos instrumentos de Jurupari no Glossário), originalmente como símbolos sexuais, representando os órgãos genitais. Daí, nas sociedades primitivas, os ritos de fertilidade e de procriação serem celebrados com música, canto e dança.

No entanto, ainda hoje, em muitos grupos culturais, durante as danças sagradas, conserva-se o costume de separar homens e mulheres, como vimos relatado no mito de Jurupari. Se elas dançam, eles não dançam e vice-versa. Conforme observa Catherine Clement, "É como se o sagrado reproduzisse constantemente a separação entre a maternidade e a paternidade".[95] A dança feminina ainda não pode ser vista apenas com o caráter de diversão. Continua a serviço de estimular o homem, quer isso seja aprovado ou reprovado. Talvez, porque o êxtase ainda seja considerado um interdito para a mulher, associado ao Mal e à desmedida.

Em 1972, John Lennon, ícone dos Beatles, fez uma música, "Woman is the Nigger of the World", em que denunciava a subserviência da mulher ao homem. Atribui-se a escolha do título a sua companheira, Yoko Ono. O bizarro é que Yoko foi considerada, por muitos, uma autêntica *mulher-aranha*, possessiva e controladora, durante toda a relação com Lennon. No entanto, é em parceria com essa estranha e, no mínimo, ambígua companheira que John Lennon anima-se a apontar a posição submissa da mulher em relação ao homem. A letra da música ressalta que a mulher dança para o homem e não com o homem; que se pinta para ele e mantém-se escravizada a um padrão de beleza, exigido por ele. E mais: que, uma vez perdida a juventude e com a chegada das alterações que a maternidade pode acarretar ao corpo feminino, a mulher é desprezada e descartada pelo homem. Boicotada pelas rádios, sob a alegação de usar um termo tido como preconceituoso — *nigger* —, a música revela uma preocupação, surgida naquela década, de abrir espaço para se repensar a função feminina, o lugar da mulher e seu papel na sociedade.

Mulheres, negros, índios — grupos submetidos, por representarem uma força natural, considerada ameaçadora ao poder imposto, esterilizante e destrutivo — foram transformados em minorias, por perseguições e massacres, ao longo do tempo.

Vale a pena demorarmos um pouco mais nosso olhar sobre o movimento do rock — um mito contemporâneo —, descendente direto do blues que surge bem antes e muito distante dos Beatles.

Foi do grito do escravo negro, afastado violentamente de sua cultura, que surgiu o blues na América do Norte. Soava como lamento pungente pela saudade das cores, das texturas, das temperaturas, dos aromas e sabores e, principalmente, da liberdade perdida. O homem nativo da África, barbaramente arrancado de sua terra, revelava, naquele som novo, o encontro do ritmo africano com a harmonia da música europeia. Instrumentos como guitarras rudimentares e gaitas de boca, assim como as batidas com os pés e as mãos, garantiram a identidade inicial tipicamente rural daquela música. Foi ela a emissária dos primeiros registros sobre a vida real, sobre as injustiças sociais, sobre o sofrimento do homem comum, acordado pela dor inevitável da perda de cômodas ilusões alienantes. A partir da crescente consciência dos quase quinhentos anos de dominação sanguinária dos brancos sobre negros e indígenas, e da constatação das consequências devastadoras de duas guerras mundiais, os heróis idealizados foram perdendo a credibilidade e dando espaço ao surgimento de um movimento cultural que buscou o reencontro da energia vital nas palavras simples, no cadenciado solto, em sons libertos de formalidades. Desse modo, formas musicais como rhythm & blues e country embalaram muitos jovens americanos brancos possibilitando, na década de 1950, o surgimento de novos ídolos, com diferentes e revolucionárias propostas. É nesse cenário que aparece Elvis Presley.

Musicalmente gerado por seu genuíno encantamento diante da cadência negra do gospel e do blues e amparado por uma poderosa e gigantesca estrutura midiática que o envolveu, Elvis vai encarnar, performaticamente, o novo homem andrógino. Usando os quadris despudoradamente num dançar frenético, ele incita seus ouvintes a uma participação erotizada e energizante, desafiadora dos costumes de uma sociedade puritana.

Acusado de desvirtuar os jovens (fato nunca seriamente comprovado, porque impossível determinar, aí, o que foi causa e o que foi efeito de quê), o rock trouxe à tona um desejo incontido de *desrepressão*, latente em todo o mundo ocidental àquela época.

O estilo inicial de Elvis Presley, encarnando opostos — branco/negro e masculino/feminino —, que o consagrou como artista original, impregnado de elementos considerados negroides — o calor, a modulação e o tom rouco de sua voz —, aliados a gemidos evocavam inevitavelmente à sensualidade que a cultura branca pretendia evitar e controlar. Não terá sido mera coincidência que o ano de 1954, justamente o da grande eclosão do rock, tenha sido o mesmo em que o Supremo Tribunal dos Estados Unidos tomou a decisão de proibir a segregação racial nas escolas públicas. Os fatos apenas confirmam que a verdadeira arte faz purgar sentimentos humanos intumescidos. Este foi o início de uma reformulação de valores a cuja culminância pudemos felizmente assistir, com a eleição do primeiro presidente negro nos Estados Unidos, país onde, há 70 anos, os negros sequer tinham direito de voto.

Não há como negar que o polêmico movimento do rock facilitou a disseminação de alterações inegáveis nos costumes, como, por exemplo, o uso de cabelos longos e roupas mais descontraídas pelos homens e uma nova forma de dançar, para homens e mulheres.

Liberada de um par determinado e muitas vezes constante, que ela não escolhia e que não ficava bem recusar, nas danças tradicionais de salão, a mulher conquistou uma participação ativa, quando os dançarinos, de ambos os sexos, misturados e soltos pela pista, passaram a ter igual oportunidade de tomar a iniciativa, elegendo seus pares e improvisando, a seu bel-prazer, passos e trejeitos. Além disso, o rock permitiu aos homens experimentarem, sem restrições, o gingado irreverente dos quadris, como acontece em danças de povos nativos. Todos, homens e mulheres, num mesmo balanço, em que o erotismo natural do ritmo é exposto sem censura, pudemos, a partir dali, sentir e demonstrar um entusiasmo capaz de desencadear animação crescente e grande prazer ao dançar. Essa entrega espontânea do corpo ao ritmo agitado da música é capaz de provocar a reconciliação de quem dança com o próprio pulsar interno, numa sensação que vai do arrebatamento ao êxtase, de forma lúdica e, o que é mais importante, naturalmente acessível a todos. A esse respeito, recorda-nos Clement:

> Recentes estudos sobre a fadiga demonstram o que a intuição já descobrira: durante o exercício, o cansaço não se faz sentir, a ponto de conduzir ao êxtase. E mesmo quando se trata de diversão, a dança tem por finalidade cansar o corpo para atingir a leveza da consciência. Quando para, você fica ofegante, vazia, você fica "bem". Pronta para tudo, para si, para o outro, para o nada. Esse cansaço feliz me parece tender para o sagrado. Quer dizer que em todos os casos é preciso "abandonar" o corpo.[96]

Contudo, capturado e guiado por interesses de um sistema que transforma tudo em mercadoria, o rock não escapou das armadilhas das enfermidades culturais. Conforme observa Roberto Muggiati,[97] especialista em música contemporânea, "apesar de assumirem intelectualmente, e em sua música, novas atitudes, os jovens do rock pouco mudaram nas relações homem/mulher, insistindo em repetir, sob formas disfarçadas ou pseudoliberais, o comportamento de seus pais".

O ressentimento pelo fracasso na busca de um relacionamento mais livre, que mantivesse a amorosidade, talvez explique, em parte, a desqualificação do papel feminino que as letras da música pop, incluindo o rock, passaram a fazer. Registrando quase um escárnio do homem em relação à mulher, tratando-a como mercadoria e denunciando uma caricatural agressividade sexual, certas músicas falam de uma mulher muito ativa sexualmente, mas ainda, assim, a serviço do desejo masculino.

Percebe-se, portanto, que ainda há um longo caminho a percorrer para localizar, combater e corrigir preconceitos e injustiças nas relações entre homens e mulheres. Basta pensarmos nas diferenças que existem quando à valorização do trabalho masculino e feminino, nas oportunidades tão díspares oferecidas a moças e rapazes e, mais do que isso, na insatisfação constante que persegue as poucas mulheres que tentam romper essas condições. Estas acabam se sentindo discriminadas, porque passam a ser consideradas subvertedoras da ordem estabelecida. As cicatrizes deixadas pela prática de costumes tão desumanos e oportunistas demorarão a desaparecer, a menos que unguentos poderosos, antídotos produzidos pela própria cultura, possam suavizar essas marcas dolorosas.

Não será senão por isso que têm surgido vários livros dedicados tanto à biografia de mulheres que se tornaram célebres por sua contribuição especial à sociedade quanto ao relato da trajetória infeliz de outras tantas, talentosíssimas, que sucumbiram às pressões externas, acabando por se destruir durante o processo de conquista de um lugar vitorioso e de reconhecimento público.[98]

Clarissa Pinkola Estés, em *Mulheres que correm com os lobos*, ao analisar o conto de Andersen "Os sapatinhos vermelhos",[99] nos alerta para o fato de como é autodestrutivo o processo compulsivo a que se submete todo aquele que desiste de seus próprios dons e, perseguindo modelos externos, na busca de aprovação e de prazeres compensatórios, aceita satisfações ilusórias e precárias, resultando na perda da autonomia e da real capacidade de criar.

O mito de Jurupari nos aponta um novo espaço de reflexão: O que acontece com homens e mulheres se a relação entre eles sempre se constituiu dentro de um modelo de dominação e submissão? Que trajetos passam a percorrer suas pulsões, seus desejos e, em consequência, seus sentimentos e costumes, a cada vez que, na constante alternância do poder, passam, uns ou outros, de dominante a dominado infinitamente?

Qual a possibilidade de aplacar nossa Ceiuci interna, insaciável e solitária, que persegue nossa criança criativa, querendo devorá-la, antes que esgotemos nossas forças numa fuga incessante?

Mamãe, me conta outra vez?

Jurupari apareceu, dia desses, no sonho de uma paciente, ainda que ela não o pudesse reconhecer, por não saber sua história. Veio como um homem com cabeça de sol, com raios fulgurantes, e a intrigou muito, exatamente pela estranheza do personagem. No mesmo sonho, surgia a referência a uma antiga empregada doméstica, de seu tempo de menina, cujo nome terminava com a sílaba "cy".

Na sessão seguinte, trabalhávamos na interpretação do sonho, quando percebi que chegara a hora de ela ouvir o mito do filho do sol. A decisão veio apenas por respeito ao fato de o conteúdo mítico ter-se apresentado a ela, onírica e espontaneamente. Eu não podia antever que resultado provocaria, mas, mesmo assim, contei-lhe as duas partes iniciais: "De Cêucy a Ceiuci" e "A origem do fogo".

Para meu espanto, aquela mulher, que andava triste, apática e sem energia havia muitos meses, que vinha lutando para encontrar uma forma de dar expressão a uma vocação criativa que sabia ter, mas

146

que não conseguia identificar, escreveu-me, naquela noite, sem conseguir aguardar por nosso próximo encontro. Falava de alguma coisa nova que despertara subitamente dentro dela: uma sensação de leveza, confiança, coragem e esperança muito fortes, que a fizeram chegar em casa diferente, após nosso encontro. Sentia vontade de escrever sobre sua vida de menina, de reescrever sua história, confessou-me ela. E disse mais: ficara tão envolvida por esse estado de espírito que, à tardinha, compartilhara prazerosamente, com a filha pré-adolescente e suas amigas, histórias das travessuras de sua infância. Segundo ela, aqueles foram "momentos de aproximação, afeto e muitas risadas", como não vivia há muito tempo.

O que acontecera de fato? Impossível precisar. Mas, com certeza, o *quiriri* sombrio se desfizera temporariamente em seu coração. Saindo das brumas, atravessando o nevoeiro da depressão, minha paciente começara a conectar-se com o aspecto saudável e criativo de seu psiquismo. Iniciava-se o processo de fortalecimento de sua alma, seu feminino mais profundo, celeiro de alimento para seu ego (sol) enfraquecido.

Até aqui, os mitos que vimos mostram lutas humanas internas e externas, inevitáveis porque são partes de nosso destino. Que outras tantas contações nos trarão alternativas e nos possibilitarão reenergizar a alma, de forma a continuar buscando, na riqueza da vida em comum, o sentido maior da existência?

Por mais intricado que esteja parecendo este caminho, vale a pena ir um pouco mais além. Quem sabe uma clareira e novos encontros possam nos surpreender logo adiante?

CAPÍTULO III
Akarandek[100]

... e foram felizes para sempre. As histórias de amor gostam de terminar assim. Mas, às vezes, a mão se inverte, e a felicidade surge inaugurando o roteiro.

Por onde pode prosseguir uma história que começa pelo fim?

O comedor de cobras[101]

Era um casal de índios. Ele, Dunu-nawá, um rapaz muito bonito. Ela, chamada Pai, uma jovem muito apaixonada. Dunu-nawá e Pai viviam felizes. Comiam raízes e frutas, em refeições que a mulher preparava com dedicação.

Mesmo assim, comendo só vegetais e vivendo em paz, certo tempo depois de casados, Dunu-nawá resolveu fazer flechas. E depois arcos. Fazia tudo com muito capricho: afiava as pontas das flechas e ia enfeitando cada uma, usando penas de gavião-pega-macaco, de mutum, de urubu, de cujubim, de jacu. Aparava as penas para ficarem bem do mesmo tamanho e ia amarrando, uma a uma, nas hastes das flechas, com fios que encerava cuidadosamente. Parecia gostar muito do que fazia. Passava um tempão trabalhando naquilo, com muito prazer.

Pai observava de longe, admirando o marido e de tanto olhar diariamente aquele ritual, de tanto ver a beleza das flechas prontas, alinhadas uma ao lado da outra, como se estivessem esperando por alguma coisa, começou a pensar na caça.

— Meu marido, estou com fome de carne. Vá caçar com suas flechas e seus arcos, e traga a caça para mim.

Imediatamente Dunu-nawá tomou as armas que fizera, prendeu uma faca na faixa da cintura e, antes de sair como a mulher lhe pedira, recomendou:

— Mulher, cozinhe mandioca e bananas, que vou matar um macaco-prego e trazer para você. — E lá se foi, mata adentro.

Contente por ter convencido o marido tão facilmente, Pai foi tratar de fazer o cozido. Quando ficou tudo pronto, tirou a panela do fogo, botou a comida para esfriar e esperou pela carne que o marido ia trazer.

Enquanto isso, Dunu-nawá, caminhando pra longe de casa, foi entrando na mata fechada, respirando o cheiro morno daquela vegetação abundante, meio que se embriagando pela força da natureza... Mas, mesmo assim, ia atento, procurando enxergar o animal que suas flechas iriam acertar.

De repente, numa clareira que se abriu a sua frente, ele viu as cobras. Estavam ali, estendidas ao sol. Seus corpos desenhados, projetando-se, por um momento, no olhar do índio, traçaram linhas que se cruzavam em sua visão, como que sugerindo novos caminhos. Ele olhou fascinado para as serpentes, mas não quis matá-las.

Depois de ficar ali quase paralisado, por algum tempo, seguiu em frente, passando com cuidado por aquele largo. Logo adiante, ouviu um ruído de luta e, sem fazer movimentos bruscos, foi chegando mais perto do som. Era uma onça-pintada, estraçalhando, com os dentes afiados, o corpo de um veado que acabara de matar. O índio mirou a fera e arremessou, com pontaria certeira, sua flecha. Atingiu a bicha direto no coração! Morta, onça e veado viraram um fardo só, e Dunu-nawá levou os dois animais para casa.

Pai ficou felicíssima com a quantidade de carne que o marido lhe entregou.

— A onça matou o veado, e eu a matei — contou Dunu-nawá. — Cozinhe e vamos comer logo!

Assim foi feito, mas, como era muita caça, Pai cortou, em pedaços, a carne que sobrou, armou um moquém e assou tudo, bem sequinho, para guardar em estoque. Durante muito tempo, tiveram carne todos os dias nas refeições e, com esse novo costume, foram modificando seus apetites.

Acontece que Dunu-nawá não conseguiu mais esquecer as cobras que vira naquela clareira da mata. Lembrava delas, do brilho de seu traçado ao sol, de seus corpos deslizantes e, de tanto pensar e sonhar, percebeu que queria caçá-las, que queria comê-las. Tentava controlar aquela lembrança impertinente e, sem voltar àquele lugar, continuou só lembrando e desejando... cada dia mais. Enquanto o tempo ia passando, o desejo parecia menos difícil de realizar. Até que com a vontade grande, apertando demais, ele disse a Pai:

— Mulher, vou ao rio pescar. Tô com vontade de comer muçu.

Só que, ao invés de ir em direção ao rio, ele foi para dentro da floresta e logo chegou de novo à clareira. Naquele exato momento, ali estava dormindo ao sol, com o corpo brilhante todo desenhado, uma enorme jararaca, cuja beleza pareceu hipnotizar o índio. Decidido, Dunu-nawá matou a cobra. Cortou, depois, seu corpo em pedaços pequenos, sem aproveitar a cabeça e o rabo, que deixou ali mesmo, jogados na terra. Então, embrulhou a carne em folhas e levou para casa.

— Olhe, Pai, que beleza de muçu peguei no rio! Cozinhe depressa para eu comer.

Animada com o entusiasmo do marido, Pai atendeu prontamente. Depois ficou ali, apreciando o homem comer com tanto prazer, que quase parecia tomado por um encantamento. Ele comia com vigor, olhos de caçador brilhando na paixão da conquista. Olhando embevecida, sentindo o cheiro bom e forte daquela comida, a mulher teve vontade de provar. Seu olhar guloso, fixo na cena, chamou a atenção de Dunu-nawá. Ele estimulou sua cobiça, convidando:

— Você quer comer muçu também? Coma comigo!

E, dizendo isso, esticou para ela um pedaço da carne da cobra, que Pai segurou e experimentou, apressada. Sem sequer olhar para a mulher, ele continuou comendo e elogiando a carne:

— Carnudo esse muçu! Bom demais!

Mas Pai estranhou o paladar:

— É catinguento que nem cobra! — reclamou.

— Que catinguento coisa nenhuma. É gostoso por demais!

Mesmo contrariando o marido, a mulher desistiu do muçu. Preferiu voltar a comer aquela outra carne da primeira caça, que ainda tinha, guardada.

Dunu-nawá estava decepcionado com a rejeição. Na verdade, ele ficou muito zangado, mas não demonstrou nada.

Deixou o tempo passar... E assim foi. Quando acabou a carne moqueada, Pai foi se chegando, jeitosa, e falou ao marido:

— Minha comida acabou.

Dunu-nawá não se fez de rogado. Com presteza, pegou o arco e as flechas e meteu-se ligeiro na floresta. Dessa vez, foi direto até o largo aberto na mata, para encontrar as cobras. Lá estavam elas, dormindo ao sol. O índio matou uma. Depois, se embrenhou pelo mato adentro até encontrar um porco selvagem, que alvejou e matou também.

Com esmero, tirou a banha do animal e envolveu com ela os pedaços da cobra, de que tivera o cuidado de cortar as extremidades. Arrumado assim, tudo ficou parecendo ser parte da carne de uma mesma caça. Chegou em casa, anunciando:

— Taí, mulher: matei um porco. Trouxe a carne e a gordura para você. Prepare logo e coma depressa!

Pai, muito alegre, cozinhou tudo e comeu com entusiasmo. Confundida pelo forte sabor da banha, foi comendo pouco a pouco a carne da cobra, sem saber o que era.

Logo começou a se sentir doente. Com o passar do tempo foi empalidecendo, sentindo-se fraca e começou a ter muito sono, mesmo durante o dia. Assim foi, por longos dias e longas noites. Ela sentia muitas dores, emagrecia cada vez mais e foi ficando amarelada.

O marido observava atentamente sua transformação. Um dia, perguntou:

— Pai, por que você está tão amarela e tão magra?

— Acho é por causa da gordura daquela carne de porco, que você trouxe. Depois que eu comi dela é que comecei a passar mal.

Dunu-nawá desatou a rir, descontrolado. A índia estranhou seu jeito.

— Marido, de que você está achando graça?

— Ô mulher, você comeu foi carne de cobra! Era carne de cobra que estava embrulhada naquela banha do porco!

E dizendo isso, cheio de arrogância, deu ainda uma última gargalhada, que ecoou no ar.

Horrorizada, Pai chamou seus parentes para socorrê-la. Mas o comedor de cobras conseguiu fugir antes que eles chegassem e a mulher acabou morrendo, sem ser vingada.

... e assim, repetindo tim-tim por tim-tim, ainda hoje me espanto, no final.

Uma maçã envenenada e um sono profundo

Eram passados quase trinta anos desde que eu presenciara Fernando Lébeis contar "Ceiuci". De educadora, eu me tornara uma psicoterapeuta. Vivíamos outras circunstâncias, outros tempos. E lá estava ele, de novo, dessa feita em tarde de contação na Casa da Leitura do Rio de Janeiro, me presenteando com mais uma chave-mestra para meu quarto de tesouros. Boca aberta de assombro, qual criança que se surpreende com os detalhes da história que ouve de um adulto, eu assimilei imediata e cuidadosamente cada detalhe daquela trama. Dentro de mim, em relação aos mitos, a inquietação só crescia e cada vez mais ia se apurando...

Se a velha gulosa me mostrara questões filosóficas importantes para a educadora que eu estreava ser, nos idos de 1970, agora, o mito "O comedor de cobras" falava das causas inconscientes do mal-estar psíquico, responsável muitas vezes pelo aparecimento de tantos desconfortos e até de doenças físicas inexplicáveis, que eu, a essa altura, como psicanalista, tratava diariamente.

A partir do impacto que esta história me causou e porque ela me remeteu imediatamente a um caso clínico em que vinha trabalhando, senti ter chegado a hora de introduzir a contação dos mitos indígenas em meus atendimentos. Pura intuição!

Na verdade, desde que Ceiuci apareceu em minha vida, percebi, pelo efeito que me causou, a ação direta do conteúdo dos mitos no psiquismo. E a educação verdadeira, eu estava descobrindo naquela época, cuida não só de ensino, mas preocupa-se também com as questões psíquicas, ao buscar formar sujeitos que estejam em procura contínua pelo autoconhecimento. Presenciava, no dia a dia da Escola Viva,[102] como as histórias e as lendas facilitavam, às crianças e aos jovens, o lidar com a linguagem simbólica. Tal constatação foi reforçando cada vez mais meu interesse pelas culturas populares, celeiros dos contos transmitidos geração a geração, no mundo inteiro. Por conta disso, eu sempre buscava alimentar esse desejo de me aprofundar em nossa mitologia nativa.

Ao me tornar uma psicoterapeuta, anos mais tarde, levava comigo, portanto, o caminho apontado pelas histórias dos antigos como possibilidade já entrevista. Ainda sem ousar experimentá-lo como parte da técnica, até porque não conhecia nenhum trabalho de uso dos mitos indígenas brasileiros em consultório, no qual pudesse me basear, eu continuava guardando secretamente o sonho de encontrar um sinal possível de que deveria seguir por ali. Escutando "O comedor de cobras" e percebendo a dinâmica de meu próprio inconsciente ser estimulada por seu poder mítico, ousei lançar mão desse novo instrumento de trabalho, que se apresentava tão potente quanto desafiador.

Num primeiro momento, certamente influenciada pelos problemas emergentes de nossa época (fim dos anos 1990), tive a sensação de que este mito possuía um conteúdo adequado para tratar o problema da contaminação pelo vírus da Aids. Esta ameaça contemporânea, por sua ligação direta com questões sexuais, provoca recalcamento de tal ordem que se torna quase um assunto tabu, também no consultório. Lembrei, é claro, da atemporalidade que caracteriza o mito, mas isso não invalidava esse aporte a um tema contextualizado, já que o mito transpõe sempre as barreiras de tempo e espaço e seu conteúdo pode abarcar questões de diferentes tempos e culturas. Afirmo isso acompanhando o pensamento de Campbell quando ele diz, em *Mito e transformação*, que uma tradição mítica oral sempre se manifesta atualizada.

Mas foi seguindo dali o fluxo por associações secundárias, passando pela questão dos desejos secretos, da dissimulação, da traição, do envenenamento e da *contaminação psíquica* causada pelas relações amorosas insinceras e mesmo perversas, que relacionei a história que acabara de ouvir com os relatos de uma determinada paciente. Esta ligação surgida espontaneamente e aparentemente absurda foi, no entanto, tão forte que me intrigou o suficiente para me estimular a vencer a hesitação e arriscar-me num novo método de trabalho. Na primeira ocasião que me pareceu oportuna, contei-lhe, pois, o mito "O comedor de cobras".

Antes de prosseguir na narrativa dessa experiência, é importante que eu traga aqui um esboço do perfil dessa paciente. Indicada a mim por seu médico clínico por apresentar sintomas físicos recorrentes que denunciavam uma somatização histérica, ela iniciou a terapia com grande interesse e dedicação. No entanto, após uma fase inicial de relativo progresso, onde a relação paciente/terapeuta se estruturara positivamente, vínhamos enfrentando um período de impasse. A análise não parecia continuar evoluindo e ela recomeçou a adoecer frequentemente. Apesar de ser uma mulher casada, boa mãe e esposa zelosa, ela se sentia infeliz a maior parte do tempo e não conseguia ter coragem de avaliar seriamente a relação entre sua insatisfação e a qualidade de seu casamento.

Na verdade, não cessava de valorizar exageradamente o marido, a quem considerava um homem leal, de fidelidade inquestionável, dedicado ao lar, profissional competente, cujo trabalho exigia viagens esporádicas, mas que, excluindo o tempo dessas ausências, era aplicado às tarefas de manutenção da casa onde viviam, e muito presente junto aos filhos e a ela própria. Julgando-se uma mulher de sorte em ter um companheiro aparentemente tão cheio de virtudes, minha paciente torturava-se, em culpas infinitas, por não se sentir feliz ao lado dele. Era constantemente recriminada pelo marido por causa dessa tristeza frequente e por se dedicar muito ao próprio trabalho. Na verdade, embora muito envolvida com as tarefas profissionais, ela não conseguia afirmar a importância do que fazia, uma vez que não era tão bem remunerada quanto ambos desejavam.

Pega de surpresa com a novidade que eu lhe trouxe ao introduzir a contação de um mito indígena em sua sessão, ela, após ouvi-lo, limitou-se a declarar que o achava estranho. No entanto, a partir daquela sessão, o desenvolvimento de seu processo terapêutico passou a mostrar um novo ritmo, com uma aceleração nas associações, que correspondiam, sem dúvida, a uma maior ativação de seu psiquismo. Passou a recordar e relatar mais frequentemente seus sonhos, que mostravam conteúdos cada vez mais ricos e significativos e a questionar a desvalorização que o marido demonstrava pelo trabalho dela. Dispôs-se, a partir daí, a tomar iniciativas que julgava importantes para seu crescimento profissional e sua satisfação pessoal. Voltou a se dedicar a atividades artísticas e de lazer, mesmo quando contrariassem o gosto e interesses exclusivos do esposo.

Em seguida, já podendo admitir que a relação conjugal vinha, de fato, se deteriorando há alguns anos, e, sem conseguir reverter tal situação, expressou ao marido seu desejo de se separar dele. Determinada, conseguiu divorciar-se meses depois. Ainda que passando por inevitável sofrimento, demonstrou a segurança necessária para suportar com dignidade as transformações em sua vida, cultivando esperança em relação a um futuro mais feliz. Seu parceiro, ainda que afirmando não concordar com sua decisão, aceitou o divórcio, sem, em momento algum, admitir que também estava insatisfeito com a vida que levavam juntos. Deixava cair sobre ela, dessa forma, toda a responsabilidade pela desconstrução da família.

Surpreendentemente, a partir dali, ainda no período de adaptação à sua nova realidade, a vida profissional daquela mulher evoluiu muito, levando-a a se mudar de cidade para assumir um cargo de relevância, que lhe trouxe, enfim, independência econômica e novas possibilidades de desfrutar a vida, como sempre sonhara.

Em função desse afastamento geográfico, passamos a nos ver com intervalos maiores e a paciente só voltou a me falar de "O comedor de cobras", quando, um dia, logo ao entrar em meu consultório, pediu-me que lhe recontasse aquela história. Após ouvir-me, mantendo-se silenciosa e atenta durante toda a narração, informou-me que o ex-marido lhe confessara, naqueles dias, depois de já estarem separados há meses, que desde muitos anos mantinha um relacionamento com outra mulher.

Ao ouvir tal declaração, ela compreendera, repentinamente, a ligação do mito "O comedor de cobras" com sua saga pessoal. Partindo daí, pôde avaliar a importância de tê-lo escutado no passado, quando ainda não era capaz de discriminar seu próprio desejo.

— Foi ali que tudo começou — disse ao se despedir de mim, agradecida.

Na verdade, pude concluir a analogia que eu fizera, então, lembrando-me dela, ao ouvir o mito contado por Fernando, na Casa da Leitura: a associação estava ligada à percepção (ainda inconsciente) de que minha paciente vinha se envenenando gradativamente. Agora, eu e ela sabíamos qual era o mal que a contaminara: a postura hipócrita de um companheiro que, recusando-se a lhe mostrar sua verdadeira face, fazia com que ela se sentisse uma esposa inadequada e ingrata.

O uso daquele mito específico havia sido de tal forma pertinente e acertado, em seu caso, que a paciente chegou a cogitar a hipótese de eu ter escolhido contá-lo por haver recebido alguma informação paralela sobre a vida de seu marido. Penso ser desnecessário dizer que, evidentemente, essa suposição era apenas uma fantasia sua, que foi analisada e desfeita sem dificuldade. Mas é preciso registrar que a lembrança desse caso me despertará sempre um grande sentimento de gratidão. Ouvindo a sabedoria de meu inconsciente, pude oferecer àquela paciente o que julguei ser o melhor, dentro da riqueza a que eu tivera acesso.

Mas, a partir de sua confiança e entrega, recebi, em troca, a confirmação do valor do trabalho com os mitos e a oportunidade de inaugurar, assim, uma nova etapa de meu processo como terapeuta, usando a mitologia indígena brasileira como elemento propulsor. Através de seus conteúdos, tenho podido estimular (não só no consultório, mas em oficinas que coordeno e também através de palestras) muitas outras pessoas que se dispõem a incorporá-los, digeri-los e metabolizá-los, beneficiando-se de conteúdos valiosos, transformados pelos elementos de seus próprios psiquismos, que é como sempre acontece.

Fome de quê? Da necessidade à expressão do desejo

Voltemos a "O comedor de cobras", buscando retomar a cadeia associativa de seus símbolos, que nos leva, mais uma vez, a pensar no convívio afetivo dos seres humanos e, nesse momento, especialmente na relação entre homens e mulheres.

No princípio, o casal vivia feliz. Até que Dunu-nawá altera seu comportamento habitual e começa a fazer flechas. Ele as decora com penas de certos pássaros[103] que apresentam, como características comuns, o fato de viverem em bando e terem penas escuras (pretas ou marrom-escuras, com tonalidades metálicas verdes ou azuis).

Podemos pensar o significado dessa escolha das penas de aves de vida gregária como um desejo de afirmação resultante de um certo ressentimento por parte de qualquer homem. Apartado de um

159

convívio mais estreito com seus camaradas, em consequência da vida cotidiana de intimidade do casal, ele pode vir a sentir falta do reforço dos signos de poder que o grupo masculino lhe assegura.

Além disso, ao escolher e combinar as penas para enfeitar as flechas, o índio imprime nelas a marca de sua autoria. Os adornos dos instrumentos artesanais têm esta função: determinar as características de quem os produz. Como autor, ele é, pois, senhor da expressão de seu próprio desejo.

Em seguida, ele faz os arcos, completando, assim, o conjunto instrumental — arco e flecha — de caça. Expõe sua obra mas, aparentemente, não pretende utilizar as armas. Ou, quem sabe, precisa que a mulher lhe peça que o faça, para torná-la responsável pela demonstração de sua agressividade latente. Nesse caso, projeta na mulher seu desejo, e ela se identifica com aquilo de que ele parece ser o intérprete, tão somente.

Pai, mulher apaixonada pelo marido, assiste a seu trabalho. Vê o prazer com que ele o executa e se transporta por meio dessa admiração. Promove, assim, o desenvolvimento e a continuidade do desejo do homem e faz dele a sua própria vontade. Quer a caça e *pede ao marido que lhe traga carne, como alimento.* Precisa que aqueles instrumentos sejam usados, para conhecer o poder de seu homem sobre a Vida. Desse modo, deixa de ser senhora da origem de seu desejo, seguindo um caminho que o marido lhe aponta. Talvez porque inveje a autonomia de Dunu-nawá, sua capacidade de concentração num objetivo estranho a ela, sua obstinação, sua habilidade ao criar a partir de um processo de transformação. Ou, quem sabe, seja esse lado feminino inerente ao próprio fazer artesanal que a confunde. Ela quer a ação — masculina — que a tranquilize, tirando-a desse conflito.

Enfeitiçada por seus próprios sentimentos ocultos, já não lhe basta cozinhar as frutas e as raízes. Quer carne. Quer se alimentar daquele desejo novo, recém-inaugurado. Já não se pode distinguir, nesse ponto da história, quem é o sujeito do desejo. Há um sujeito que o exprime (Pai) e um outro, que o provocou e se prepara para executá-lo (Dunu-nawá). Situação de aparente complementaridade, até aqui.

Atendendo ao pedido da mulher, como se estivesse exatamente aguardando por ele, *o homem logo sai para caçar. Leva a faca à cintura, além do arco e das flechas,* que fabricou meticulosamente. São ferramentas diferentes (a faca e o arco e flecha) que, nesse caso, têm objetivos semelhantes: atingir a presa. Enquanto a eficácia da faca como arma depende de certa proximidade do alvo e do confronto com ele, o arco e a flecha permitem o distanciamento protetor ao homem que os maneja. Usada em combinação com as setas, a faca passa a ter uma utilidade complementar, a de cortar a matéria que já foi morta pela flechada. Cortar o corpo morto não traz ameaça ao caçador, nem o emociona como quando existe o confronto entre a vida pulsante na vítima e a consciência destrutiva de matar, no atacante. Tudo isso fala da possibilidade de distanciamento afetivo, de certa perda de espontaneidade, de premeditação.

Na floresta, o índio vê as cobras e não pode evitar o fascínio que elas lhe causam. Agora, ele é o admirador. Assim como Pai o observava, embevecida, é ele, agora, o observador. Tenta escapar desse domínio, mas não consegue mais esquecer as serpentes.

Voltamos, nesse ponto, a pensar o simbolismo da serpente vinculado ao desejo feminino. Por seu caráter de regeneração cíclica e de ligação com vida/morte/vida — signo urobórico —, a serpente foi sempre associada às forças do feminino, sendo usada como símbolo de todas as Grandes Mães em diferentes culturas. Como um atributo da deusa, a cobra foi investida, simbolicamente, de todo poder mágico, tornando-se signo do conhecimento de todos os mistérios e fonte de sabedoria.[104]

A expressão do desejo da mulher incita o índio a caçar. É, talvez, a *anima* que o guia, seu princípio feminino, que em seu aspecto positivo, ligado a Eros, representa a capacidade de se relacionar e de amar. Mas quem está no comando, nesse caso, é o aspecto negativo da *anima*: a força do feminino reprimido que se expressa de forma perversa por não ser integrada no psiquismo. Até que ponto essa obsessão que passa a sentir, provocada pelo desejo expresso da companheira, não o faz odiar a mulher, como a causadora do desencadeamento de um impulso que sente inadequado, mas que lhe é incontrolável? Toda essa aventura da busca pela carne não parece ser vivida com prazer. Ao contrário, o índio aparenta estar atormentado pelo desejo que sente pelas cobras.

A visão da onça devorando o veado que acabara de matar dá ao índio a oportunidade de cumprir a tarefa na qual empenhara sua palavra. Ele mata a onça e leva para casa, num mesmo fardo, as duas carnes distintas: a da própria fera e de sua presa. É, como diz o ditado, "matar dois coelhos com uma cajadada só".

Novamente, como aconteceu nos capítulos anteriores, esse mito nos põe em contato com conteúdos similares de outros contos. Veado e onça são, na cultura brasileira, oponentes célebres. Vejamos a história clássica de seu embate:

O veado e a onça

162

Cansado de tanto viver de lá pra cá numa vida errante, o veado decidiu encontrar um lugar para construir uma casa e estabelecer uma moradia fixa. Procurou, procurou e acabou encontrando um sítio, na beira do rio, que lhe pareceu bastante bom. Decidiu que seria ali mesmo; e foi-se embora pra voltar no dia seguinte e começar a capina.

Ocorre que a onça também andava cansada de tanto vagar pela floresta, sem lugar de repouso certo. Andava por ali procurando por um lugar agradável pra construir seu lar e chegou exatamente ao mesmo terreno que o veado escolhera, logo depois que ele saiu de lá. Pois não é que ela gostou tanto, mas tanto, tanto, que resolveu fazer, naquele exato local, o seu rancho?! Partiu satisfeita, pensando no que deveria providenciar, para começar a construção.

No outro dia, bem cedo, veio o veado. Cheio de disposição, animado com o projeto, capinou, roçou, juntou as folhagens e ramos e deixou a quadra prontinha pra iniciar a casa. Cansado, foi embora muito satisfeito com o que já fizera.

A onça chegou de tardinha e, vendo o quintal limpinho, achou que estava contando com a ajuda divina. Começou logo a pôr os esteios e armou depressa a estrutura da casa. Feito isso, foi-se contente, cheia de planos...

Chega o veado um dia depois e vê a casa já levantada. Da mesma forma, pensa estar contando com ajuda superior:

— É Tupã que está me ajudando!

Agradecido, resolve dividir a casa em dois cômodos, deixando um para Tupã, seu provável protetor. Feito isso, cobriu tudo com palha, garantindo um telhado resistente para a moradia. Então foi-se embora buscar seus pertences.

A onça, chegando e encontrando a casa pronta, e ainda por cima com dois quartos, não tendo dúvidas de que era protegida, deixa para Tupã o quarto maior e rapidamente ocupa o outro cômodo.

No dia seguinte, na ausência da onça, o veado aparece morto de cansado e se muda para o quarto ao lado, sem perceber que tinha havido movimento na casa. Tarde da noite, quando a onça volta exausta, doida pra cair na cama, nem percebe a presença do estranho no quarto vizinho.

Qual não é a surpresa dos dois, ao acordarem de manhã, depois de uma noite tranquila, em que se julgavam sob as graças de Tupã, quando cada um deles dá de cara com um vizinho indesejado! Imediatamente percebem seu engano. E, agora, ali estão, frente a frente com o parceiro da construção. Sem alternativa, constrangidos por não poderem negar a ajuda que haviam recebido um do outro, resolvem, mesmo a contragosto, aceitar a situação de morarem juntos, a única possível.

Autoritária, logo a onça avisa que vai caçar. Enquanto estiver fora, o veado deve cuidar de recolher água e lenha, porque ela deve chegar com fome, certamente.

Ora, ora, e o que foi que a onça caçou? Exatamente isso: um veado bem grande! Chegou em casa, jogou a carne para o companheiro e disse:

— Apronte depressa essa comida para nós jantarmos!

O veado até obedeceu, mas, na hora de comer, deu uma desculpa, porque além de não ser carnívoro, de verdade, verdade mesmo, ele se sentia muito triste com aquela situação absurda. De noite, não conseguiu dormir, com muito medo de que a onça quisesse devorá-lo também. Ele tinha entendido muito bem a mensagem!

Passa mais um dia, e é a vez de o veado sair pra caçar. Ele vê, de longe, uma onça muito grande e, logo a seguir, bem na frente do caminho, encontra um tamanduá.

Pois vai chegando o veado e dizendo ao tamanduá, cheio de malícia:

— Ih, você nem sabe... Encontrei agora mesmo a onça, e ela falou coisas horrorosas sobre você.

— Cadê essa desgraçada? — quis saber o tamanduá.

— Ah, tá logo ali na frente, você encontra fácil, fácil.

O tamanduá sai disparado, louco de raiva. Logo vê uma onça distraída, arranhando um tronco de árvore. Avançando por trás, prega-lhe aquele famoso abraço fatal, cravando as unhas no peito dela. A onça cai morta, e o tamanduá vai embora, sentindo-se vingado.

Chega logo em seguida o veado. Pega o corpo da onça e, com muita dificuldade, mas grande satisfação, vai arrastando a bicha morta até em casa. Lá chegando, entrega à companheira e dá logo a ordem:

— Apronte essa carne pra nós jantarmos!

Dessa vez, embora tenha feito a comida, foi a onça que não quis jantar. Que perigo – ela pensava - morar junto com um veado caçador de onça! Intrigada, sem entender como o veado conseguira pegar aquela fera, se afastou, ressabiada, sentindo-se muito ameaçada. Deu tempo de o veado, sair de fininho dali, sem que a onça visse que ele não tinha comido nada também.

Na hora de dormir, cada qual no seu canto, os dois ficaram rolando na cama, sem conseguir fechar os olhos, um tomando conta do outro, ambos desconfiadíssimos. Mas quando as horas foram passando, o sono acabou sendo mais forte e, de repente, num cochilo desavisado, o veado bateu com os chifres na parede divisória, que dava para o quarto da onça. Fez um barulho forte e oco:

— Pá!

A onça, que também estava meio dormindo, levou um susto danado e, pensando que era o veado atacando, deu um pulo e, esbarrando do outro lado da parede...

— Pá!

... Assustou também o pobre do veado, que saltou da cama apavorado.

Aterrorizados, pensando que chegara a hora do confronto, os dois saíram correndo, um pra cada lado, e tem gente que diz que é bem provável que ainda continuem assim, correndo pelo mundo afora.

— E a casa? — vocês devem estar pensando.

Ah, ela ficou pra lá. Deve estar vazia até hoje...

Parceria — uma obra em construção

Esta é uma lenda de origem tupi que, como o mito de Ceiuci, também foi recolhida pelo general Couto de Magalhães.[105] No comentário introdutório da narrativa, ele diz que a história serve ao desenvolvimento da seguinte máxima: "Quem mora com seu inimigo não pode viver tranquilo."

É com esse pensamento que voltamos ao mito "O comedor de cobras", imaginando que não foi por acaso que Dunu-nawá escolheu, para sua primeira caça, exatamente uma onça que acabara de matar um veado. E, ao contar a Pai em que circunstâncias matou a onça, estabelece cumplicidade com a mulher, o que, aliás, parece ser o desejo inconsciente de ambos.

Passando a comer a carne da onça e do veado, Pai se acostuma a precisar de mais caça. Com cada pedaço que ingere, engole a angústia causada pela percepção inconsciente de intranquilidade. É exatamente este o conteúdo da história que acabamos de contar, que trata da insegurança de se morar com o inimigo.

Observa Couto de Magalhães nos comentários à lenda "O veado e a onça":

> [...] trabalharam sucessivamente, cada um supondo que era Tupã quem fazia o trabalho do outro, até que, concluída a casa, quando deram pelo engano, para não perder o trabalho, se resignaram a morar juntos, resultando daí uma situação de recíprocas desconfianças.

Transpondo tais palavras para minhas reflexões sobre as relações afetivas, não posso deixar de vê-las como uma alusão ao engano do amor romântico e às ilusões e desilusões do casamento, ou da vida a dois. Não é assim que, ainda hoje, se comportam os casais quando disfarçam, com falsas atitudes de cortesia (que são repassadas de geração a geração, como sendo as mais adequadas), a competição cotidiana? Talvez tentem "varrer pra debaixo do tapete", com que se amacia o duro solo da convivência diária, as diferenças e semelhanças difíceis de aceitar e os sentimentos antagônicos que elas provocam.

E quem é esse Tupã, ser divino a quem atribuímos a garantia de proteção, perfeição e beleza do próprio amor? Talvez seja apenas uma forma mágica de pôr fora de nós mesmos a responsabilidade por nossos sentimentos. Tal reconhecimento de que depende de nós a qualidade das relações que estabelecemos, se dá pela manutenção e transformação dos afetos, num processo que implica cuidado, respeito, mas principalmente conhecimento profundo das naturezas individuais.

Da mesma forma que veado e onça são animais de naturezas e necessidades diferentes e inconciliáveis, muitas vezes, entre seres humanos, as diferentes naturezas podem levar a dificuldades intransponíveis. Resignar-se a uma vida em comum para não perder o tempo já investido na relação ou para não pôr em risco a posse dos bens acumulados é um costume incentivado por uma educação conservadora dos princípios patriarcais, que privilegia, acima de tudo, a manutenção da propriedade.

Da traição do desejo ao desejo da traição

A carne estocada garante o alimento por muito tempo, mas Dunu-nawá não consegue esquecer as cobras que vira na mata. Mentindo pra mulher ao dizer que ia pescar, volta à floresta e mata uma jararaca. Tirando a cabeça e o rabo da serpente, engana a companheira, assegurando-lhe tratar-se de um muçu que pegara no rio.

Quando diz que vai trazer um peixe para a mulher, o índio se trai, porque as flechas de pesca não são, usualmente, enfeitadas com penas. Certamente é por isso que o mito ressalta o adorno de plumas como uma característica do ritual particular de Dunu-nawá. Ele não fez, portanto, flechas para pesca. A mulher, índia como ele, criada dentro da mesma cultura, conhecia, certamente, essa tradição. Podia saber, então, que o marido não ia pescar e que, por alguma razão, estava mentindo. Mesmo assim, ela não o questiona.

O peixe que Dunu-nawá diz ter pescado é o muçu, espécie de enguia de rio. Por sua enorme resistência, ele é relacionado à piramboia (peixe-cobra) que, por sua vez, exatamente pelas mesmas características, é comparado ao poraquê, aquele em que se transforma o braço do txopokod, no mito "O amante txopokod e a menina do pinguelo gigante". Muçuns podem viver longo tempo sem se alimentarem, enterrados em canais que cavam nos leitos secos do rio. Aparentemente mortos, de repente, se reanimam e parecem reviver. Fazem lembrar o "fingir-se de morto", de que fala a sabedoria popular, como ardil usado para atacar um oponente no melhor momento. Este é um comportamento semelhante ao que Dunu-nawá adota.

Mais uma vez, o marido parece dar uma mensagem cifrada à mulher, e ela parece tê-la compreendido, porque, *após provar o "peixe", Pai diz* que é *catinguento que nem cobra. E rejeita aquela carne como alimento.*

Quando acaba a carne que tem estocada, a mulher, já acostumada a essa comida, pede ao marido que volte a caçar. E ele vai. Traz dessa feita a carne de cobra, envolta na gordura de um porco, que ele também matou, para aproveitar a banha.

No relato de que o índio mata o porco apenas para servir-se de sua gordura para *travestir* a carne da cobra, desfazendo-se da parte boa da caça, fica clara sua intenção de, enganando melhor a mulher, levá-la a comer a comida que ele escolheu, e que vai envená-la.

Pai tornara a não ouvir sua intuição, quando insistiu em pedir ao marido que fosse buscar mais carne, mesmo depois de ter achado a carne anterior catinguenta e de ter feito a associação de seu odor com o da carne de cobra.

Voltamos a lembrar a afirmação de Clarissa Pinkola Estés,[106] quando nos adverte que, após a infância, não pode haver ingenuidade. Já adultos, conhecedores do bem e do mal, só nos resta escolher entre sermos inocentes ou culpados. Pai não pode ser julgada ingênua ou inocente, já que compactua com o ritual que a levará à destruição. Este é contrato sinistro e inconsciente que todos — mulheres ou homens — podemos fazer ao entregar ao sabotador interno a direção de nosso destino, aparentando uma postura de ingenuidade, o que nos assegura a posição de vítimas indefesas, aos olhos alheios.

Na verdade, esse sintoma parece atingir muito mais frequentemente as mulheres. É claro que a formação cultural surge como primeira explicação. No entanto, lendo um artigo da astróloga Mônica Horta,[107] deparo-me com um reforço dessa argumentação explicado à luz da astrologia, um outro campo do saber que vale a pena visitarmos. Ela nos diz que, no mapa astrológico, o primeiro e mais importante símbolo da identidade é o sol, mas ressalta que, num mapa de mulher, o sol representa o homem que lhe marca a vida. Muitas vezes o pai, quase sempre o marido.

Isso seria a confirmação de que as mulheres são profundamente atraídas pela ideia de *não ser*, de dar sua identidade de presente, de entregar seu sol. Assim, as mulheres ofertariam, numa bandeja de prata, o que têm de mais precioso, passando a chamar de amor o que a astróloga considera um suicídio existencial.

Em seguida, Mônica praticamente arranca a máscara de desproteção da mulher, denunciando que *não ser* tem grandes vantagens. A primeira delas seria não crescer, para não ter de enfrentar o mundão lá fora, não ter de provar competência, não ter de assumir a responsabilidade pelas próprias decisões.

Quase se poderia dizer que o artigo de Mônica descreve o mapa astrológico de Pai (a índia do mito) quando afirma que basta acompanhar um casamento, desde o início, por um tempo razoável, para perceber quando isso acontece. Muitas vezes, a moça bonita, cheia de planos, projetos e desejos vai perdendo o viço, o brilho pessoal, porque sem o sol não existe vida. Parece, então, que tomar o sol por empréstimo é como comer carne de cobra. Ou seja: o sol alheio envenena.

E a literatura clássica mundial nos dá exemplos de um pensar masculino comum, que reforça essa posição. No clássico *A montanha mágica*, obra que Joseph Campbell[108] considera um panorama contemporâneo interpretado em termos mitológicos, Thomas Mann cria no protagonista Hans Castorp uma visão das mulheres como criaturas reativas, sem iniciativa própria, indolentes, passivas. Vejamos o trecho de um diálogo de Hans com o personagem Peeperkorn, em que Hans afirma:

— A mulher considera-se, nos assuntos amorosos, em primeira linha, como simples objeto; espera que os acontecimentos cheguem até ela; não escolhe livremente; só chega a escolher à base da escolha prévia do homem. [...] Pergunte a uma mulher: "Você o ama?", e ela responderá: "Ele me ama tanto!"

Peeperkorn, o interlocutor, concorda e diz:

— O homem é embriagado pelo seu próprio desejo; a mulher exige e espera ser embriagada pelo desejo dele. Disso nos provém a obrigação de sentir. Daí resulta a pavorosa ignomínia da insensibilidade, da impotência de tornar a mulher capaz de desejar. Nosso sentimento é a força viril que desperta a vida. A vida está dormindo. Quer ser acordada para celebrar bodas orgiásticascom o sentimento divino.

Com ideias muito próximas de nossas atuais reflexões, Hans complementa:

— O senhor acaba de desenvolver uma teoria teológica na qual atribui ao homem uma função religiosa muito digna, se bem que, talvez, um pouco unilateral [...].[109]

No final dessa grandiosa história, que se desenrola nos tempos da Primeira Guerra Mundial e é pautada em valores fortemente patriarcais, Thomas Mann comenta a força destrutiva do homem, eternamente guerreiro, deixando aos leitores uma interrogação atemporal: "Será que também da festa universal da morte, da perniciosa febre que ao nosso redor inflama o céu desta noite chuvosa, surgirá um dia o amor?"[110]

Esta questão, que ficou ecoando em meu peito ao terminar a leitura daquela obra — um retrato magistral da complexidade das relações humanas —, me faz lembrar Freud. Em *O mal-estar na civilização*, ele conclui suas reflexões acerca do mesmo tema desejando que Eros, a força da Vida, predomine sobre Tanatos, a força da Morte, mesmo num mundo àquela época já tão desesperançado... Aí, a aspiração que nos legou: "Agora só nos resta esperar que o outro dos dois 'Poderes Celestes', o eterno Eros, desdobre suas forças para se afirmar na luta com seu não menos imortal adversário."[111]

Vida e morte, amor e ódio — faces aparentemente opostas de uma mesma moeda — são, ao mesmo tempo, ingredientes básicos de nossa existência. Com eles construímos valores fundadores de nossa própria história e da história da humanidade. Temperá-los, usá-los na medida e na forma mais harmoniosa depende, em primeiro lugar, de reconhecer as especificidades de suas funções. Qualquer exagero, e a poção curativa pode se tornar tóxica; da mesma maneira que a falta de um deles geraria desequilíbrio. Além disso, cada um de nós possui sua mistura individual desses elementos, um *quantum* próprio; a *receita* de um não serve, portanto, para ninguém mais.

Envenenando-se pouco a pouco, Pai vai enfraquecendo, fica pálida, perde peso. Dunu-nawá lhe pergunta qual o motivo de sua aparência doentia.

Neste ponto do mito, parece haver a necessidade de um confronto entre esses parceiros que, de amantes felizes, tornaram-se inimigos perversos. Até onde masculino e feminino não estão aí representados, por esse homem e essa mulher, numa destrutividade vivida como consequência do fracasso na tentativa de combinação complementar?

Pai diz que está doente desde que começou a comer a gordura do porco.

Confirma, então, que sabe que os sintomas são causados pela comida que o marido lhe trouxe. Ela comeu iludida, porque deu a ele o poder de decisão. Porque não quis entender as mensagens que ia recebendo. Porque não pôde se responsabilizar por seu próprio desejo.

E, *ao vê-la enfraquecida, ele ri triunfante, fugindo* e deixando-a morrer sem socorro.

Diz o mito que *ela chama os irmãos, mas o marido escapa e ela morre, sem ser vingada.*

No conhecido conto "Barba-Azul", recolhido por Charles Perrault e que tem incontáveis versões pelo mundo inteiro, ao se ver confrontada com a fúria assassina do marido cruel, a jovem esposa, em desespero, pede às irmãs que chamem seus irmãos, para defendê-la. Naquela história, os rapazes chegam a tempo de salvá-la. Assim é que ela se liberta da pena de morte que lhe fora imputada, aparentemente por ousar abrir uma determinada porta, cujo acesso lhe era proibido, e por ameaçar, como isso, desvendar o terrível segredo do marido, o Barba-Azul: sua natureza assassina.

Analisando aquela história, Clarissa Pinkola[112] considera os irmãos salvadores como aspectos positivos do *animus* daquela mulher. Seguindo esta mesma linha interpretativa, reforça-se a tese de que "O comedor de cobras" nos põe em contato com as consequências dos aspectos negativos dessa instância psíquica (*animus*) na mulher, da mesma forma que acontece com a *anima* no homem, quando não se dá a integração entre as energias masculinas e femininas em seu psiquismo.

A fome insaciável de Ceiuci, o apetite excêntrico do comedor de cobras, todo esse mosaico que se forma com imagens míticas ligadas à incorporação vai nos trazendo, de muito longe, da sabedoria de um tempo imemoriável, um roteiro intrincado e irrecusável. Dessa forma, a mitologia dos nossos povos nativos nos presenteia com outras possibilidades, oferecendo indicações que levam, talvez, a novas formas de ser e estar neste mundo. Aceitar esse percurso é assumir o comprometimento de ir abrindo passo a passo o próprio caminho. Paradoxal que seja, fazendo da coleção dos mitos indígenas brasileiros o nosso guia, ao procurarmos saber mais sobre desejos insatisfeitos, seremos conduzidos à história de um outro casal feliz...

A cabeça voadora[113]

Era um casal de jovens índios que namorava desde o tempo em que eram crianças. Agora, adultos e já casados, viviam em paz. Eram bons companheiros; os dias, para eles, passavam felizes. Sua relação tinha, no entanto, uma peculiaridade: todas as noites, quando dormiam abraçadinhos na rede, a cabeça da mulher saía do corpo e voava pelo mundo, buscando carne para devorar.

Era uma fome desesperada que aquela cabeça sentia! Uma necessidade de comer carne, que nenhum outro alimento satisfazia. Dizem que era por causa dos piolhos, que ela tinha muitos e que sugavam seu sangue sem parar, provocando aquele apetite todo. Mas, ao certo, ninguém sabe o motivo daquilo acontecer.

O garantido é que só a cabeça voava. O corpo permanecia entrelaçado ao do marido, descansando com ele, a noite toda, enquanto a cabeça saía aos giros, caçando pelo breu da noite.

O homem aceitava aquela esquisitice e aguardava a volta da cabeça transgressora. Todas as madrugadas, ela retornava e se integrava ao corpo. Colava-se direitinho no pescoço da mulher e aí tudo voltava ao normal. Desse modo, nesse ir e vir da cabeça a cada noite, o casamento seguia feliz.

Acontece que, uma madrugada, a mãe da moça precisou de seu auxílio. Ela ia colher raízes para preparar bebida para uma festa e foi chamar a filha, bem cedinho, quando ainda estava escuro. Passou pela rede onde o casal dormia e chegou pertinho pra não fazer barulho. Foi então que surpreendeu o genro abraçado ao corpo da mulher, que estava sem a cabeça! Pior! Viu, no pescoço da moça, gotinhas de sangue que ficavam sempre ali, quando a cabeça se desprendia ao sair pra caçar.

Apavorada, a sogra deduziu que sua filha tinha sido morta, gritou desesperada acusando o genro de assassinato e acordou toda a aldeia, berrando, sem pudor, sua revolta. Foi um escândalo! Por mais que o marido quisesse tranquilizar a todos, garantindo que a mulher voltaria à vida, não foi ouvido. Os outros índios, na intenção de calar a mãe enlouquecida de dor, trataram de rapidamente enterrar o corpo sem cabeça.

Desesperado, o marido tentou impedir a precipitação do enterro, contando seu segredo e garantindo que a cabeça ia retornar. Ela sempre voltava! Era só esperar a noite terminar de passar. Mas não foi ouvido e todo seu esforço foi em vão: os outros índios da aldeia fizeram depressa o enterro, desprezando seus protestos.

Uma vez enterrado o corpo da mulher, ainda no final da noite, logo depois amanheceu. Todos ouviram, então, um assobio que vinha vindo de muito longe. O som foi se aproximando e eles assistiram, estarrecidos, à cabeça chegar, voando, de sua caçada noturna. Só que não tendo mais um corpo a sua espera, ela não achou onde pousar. Entre rodopios, prendeu-se, por fim, ao pescoço do marido.

O homem, agora com duas cabeças, passou a se sentir constantemente observado. Era vigiado e controlado por aqueles olhos que não eram seus e que ali estavam, colados a seu corpo. Além disso, a cabeça da mulher, sem estar ligada a um corpo próprio, foi, pouco a pouco, apodrecendo, e dela começou a sair um cheiro horrível, que causava nojo e provocava vômitos em quem se aproximasse. Todos se afastavam do índio de duas cabeças, e ele mesmo já não se suportava mais, aquele estado lamentável.

Quase enlouquecendo com tamanho incômodo incessante, querendo se livrar da maldição, o marido pensou numa saída. Enquanto ainda era dia, expôs, bem afastado de sua oca, um pedaço enorme de caça fresca, para atrair a cabeça voadora. Funcionou. Mal anoiteceu, ela, esfaimada, saiu do pescoço do índio para devorar a carne. O homem aproveitou e fugiu depressa, para muito longe, livrando-se daquela possessão interminável. Bem que a cabeça ainda tentou alcançá-lo, mas não conseguiu.

Sem ter um corpo para onde retornar, ficou perdida. Rodou, rodou e por fim se alojou nos galhos de uma árvore num canto da trilha que levava até a roça. Ali, na espreita, passou a ser uma ameaça à segurança de todos, porque devorava tudo que cruzasse aquele caminho. Dizem que ela tinha virado um txopokod, uma alma penada.

Uma noite, apressado e por isso mesmo descuidado, sem acreditar de fato no perigo que corria, passou por lá um jovem índio que era bem forte, destemido e grande corredor. Ao vê-lo, a cabeça partiu atrás dele, para comê-lo. Claro que ele fugiu o mais depressa que pôde. Correndo em seu encalço, a cabeça acabou voltando para a aldeia, onde entrou na perseguição desesperada.

Os homens da tribo, alertados pelo fugitivo, que, disparando na frente, gritava por ajuda, juntaram-se para socorrê-lo. O mau cheiro se aproximava violento e já chegava bem perto, alardeando a invasão do txopokod. Os guerreiros partiram todos em direção a ele e, com fortes pauladas, despedaçaram violentamente a cabeça maldita.

Ainda assim, mesmo depois de desfeita em pedaços, o cheiro incontrolável da matéria em decomposição persistiu, empestando o ar. Foi preciso que os pajés se reunissem para *curar* os restos fétidos, que depois jogaram fora, espalhando-os pelo mundo.

Dizem que teve quem viu. Depois, quem ouviu, repetiu. Do mesmo jeito que eu, que sigo contando...

Quando a mulher perde a cabeça

Corpo e mente. O mito desnuda a bipartição do sujeito. Por onde anda meu desejo, quando eu, corpo inerte, durmo e sonho? O que ele pode revelar, se ficar a descoberto, por um sonho que o desvela?

Corpo sem cabeça lembra mula sem cabeça. Esta personagem mítica de nossa cultura popular vem a ser o resultado da transformação que sofre a mulher casada quando se torna amante do pároco. Como castigo pelo pecado da volúpia, ela surge, todas as noites de quinta para sexta-feira, transmudada em um animal de montaria que galopa a noite inteira, sem descanso, batendo com os cascos das patas no chão. O curioso é que, embora, como o nome expressa, a mula sem cabeça não tenha cabeça, em seu desvario ela relincha desesperada e solta fogo por narinas e boca invisíveis.

Diz-se que a escolha da mula como símbolo do mito deve-se ao fato de tal animal ser costumeiramente usado como transporte pelos sacerdotes no interior. Animal de montaria pode simbolizar, ainda, tanto a pessoa que se torna sujeito de incorporação espiritual (que se diz ser cavalo de um espírito) quanto um amante que é possuído pelo outro, que o *cavalga*.

Mais uma vez um mito traz os signos do desejo feminino, ligado ao fogo e à repressão. O sacerdote, como representante divino, pode ser comparado ao emissário de Jurupari, aquele moço da puçanga-do-frio, que traz a mãe-do-quente e se sente seduzido pelas mulheres que não têm vergonha, mas que não pode demonstrar nem assumir seu próprio desejo. Daí o castigo para a mulher sedutora.

Também no Código Penal da Inquisição, o *Malleus Maleficarum*, há uma associação entre o desejo feminino e o vaguear tresloucado e maléfico. Nele, as mulheres que se transformam em bruxas são seres capazes de se locomover pelos ares e de fazer desaparecer pedaços dos próprios corpos.

Hoje é possível ampliar o sentido dessas *cabeças voadoras* da época da Inquisição, as mesmas cabeças voadoras dos mitos indígenas, assim como de nossas cabeças avoadas, cabeças nas nuvens, cabeças no mundo da lua... Catherine Clement fala disso em sua correspondência com Julia Kristeva:

Na Europa do século XV só as mulheres voam durante a noite. Deixar sua pele, que liberdade! [...] Sair do corpo é apenas sair do ritmo da vida coletiva, estar em vigília em vez de estar dormindo, sair quando tudo está fechado. Mas é também passar para o sagrado.[114]

Uma cabeça que voa fala de uma tentativa de ir além. Uma cabeça faminta que busca alimento à noite, quando tudo parece informe, é a expressão da possibilidade de encontrar, para além do aprisionamento pela matéria, a satisfação do desejo, que permite o reinício da criação a cada amanhecer.

O corpo da índia, sem cabeça, enterrado pela comunidade que é incapaz de ouvir os protestos do marido por julgá-los absurdos, leva consigo para o túmulo e, portanto, para sempre, a possibilidade de manutenção da boa relação aparente do casal.

Por sua vez, uma cabeça sem corpo precisa apoiar-se no corpo do outro, e aí voltamos à questão da complementação, da entrega do próprio desejo ao outro ou do impedimento, do abandono ou da renúncia ao direito de desejar.

Neste mito, a cabeça apodrece presa ao corpo do marido. Ele não consegue se libertar dela, nem depois de ela estar morta. De fato, ele já vivia preso ao corpo da mulher, quando, durante a noite, ainda que adormecido, mantinha-se em prontidão até a volta da cabeça; tal qual a aranha, retida à teia com que controla sua presa, ou o carcereiro, sentinela contínuo do outro lado das grades que encerram o condenado, garantindo o lacre dos cadeados, com sua presença indispensável.

A estratégia de colocar longe de si a carne, que o marido sabe ser o objeto de desejo daquela cabeça sem corpo, é uma tentativa de tentar livrar-se da identificação a que está prisioneiro e de afastar-se da contaminação, excluindo-se do roteiro do desejo da mulher. Só que aí existe apenas uma cabeça, não se trata mais de um ser humano real. Sem vida própria, faminta e isolada, o que resta daquela mulher torna-se um txopokod, uma alma penada, uma assombração que passa a ameaçar a todos indiscriminadamente.

Como Ceiuci, que foi também punida por transgredir as normas patriarcais e querer dar vazão e expressão a seu desejo e que só volta a se incorporar como velha faminta, a cabeça voadora devora tudo que pode alcançar, vorazmente mortífera, sem critério de escolha.

De um corpo aprisionado, uma cabeça que voa

É próprio do princípio feminino (e não só da mulher) ter a cabeça nas nuvens. É assim que acontece com homens ou mulheres no processo criativo. Por isso, os artistas parecem tão aluados, como se costuma dizer. Estão e não estão presentes onde seus corpos habitam. Assim ocorre também com as crianças, capazes de entrar e sair livremente do espaço transicional — o continente criativo — quando ainda não foram formatadas para responder o tempo todo às expectativas do mundo adulto a seu redor.

Para criar é preciso estar em sintonia com o próprio desejo. Desejar é ter apetite, no melhor significado deste termo, que é bem diferente de simplesmente sentir fome. A atenção plena, que permite a apreensão da unidade, é o passaporte para se conectar a essa alguma coisa maior, que está para além do aqui e do agora a que pertencemos e a que o desejo se refere.

Nos dois mitos narrados neste capítulo, as mulheres têm desejo de carne. O que vem a ser *desejo de carne*? Voltando ao mito de

Jurupari, podemos pensar na questão da sexualidade e no desejo sexual feminino interditado pela cultura patriarcal.

No mito "O comedor de cobras", o marido instiga este desejo; quase se pode dizer que o provoca. Sua intenção pode ser apenas a de se vingar, de castigar a mulher por ousar tanto. Também é possível que, ao tentar satisfazer o desejo dela, ele passe a conhecer aspectos de seu próprio desejo que o confundem e aprisionam.

Já no mito "A cabeça voadora", o marido tolera que a mulher busque a satisfação do próprio desejo. Nessa atitude, como cúmplice e não como parceiro, ele detém seu segredo. Só ele sabe o que acontece com a cabeça de sua mulher à noite. Assim, ele tem o poder de quem zela pelo direito àquela transgressão e o controla. O corpo da mulher, entrelaçado ao seu, é o próprio símbolo da parte dela que ele pode reter.

Ao pedir que o marido vá caçar, a índia Pai, de "O comedor de cobras", nomeia o homem para realizar seu desejo. Essa atitude é diferente no segundo mito, "A cabeça voadora", quando é a cabeça da própria mulher quem parte. No entanto, é apenas a cabeça que sai em busca da caça. O corpo fica. Preso nos braços do amado. Com hora para voltar. A busca é noturna, de natureza quase onírica. A liberdade da caça só existe, como nos sonhos, enquanto todos dormem. Velada. Secreta.

Marina Colasanti[115] escreveu um conto denominado "Entre o leão e o unicórnio", em que ousa vaguear (e o faz com magia e especial beleza!) no mundo intermediário dos desejos masculinos e femininos. Permito-me recontá-lo, para fazer aqui novas considerações.

Entre o leão e o unicórnio[116]

A história começa durante uma noite de núpcias reais. Ao acordar com sede, o rei se surpreende com a presença de um leão junto ao leito. Ele tenta ignorar aquela visão absurda e volta a dormir. Como pela manhã nada vê de estranho no quarto, prefere esquecer o que julga ser parte de um sonho mal-acabado.

Só que o fato se repete em noites seguintes, e ele decide, então, contar à mulher o que tem visto. Ela, surpreendida naquilo que era um segredo seu, lhe confessa: dorme sob a guarda daquele leão, o vigia e carcereiro de seu sono. Assim, sob controle da fera, ela tem, como lhe diz, noites *ocas como um poço*. Atendendo a um pedido da esposa, de que liberte seus sonhos do aprisionamento, livrando-a do tormento de não sonhar, o rei trata de cortar as patas do leão quando este reaparece, numa outra noite.

A partir daí, o marido passa a dormir em paz, certo de que fez seu papel de bom companheiro. Até o dia em que é despertado por um calor súbito e vê o aposento onde dorme cheio de beija-flores e abelhas. Confuso, trata depressa de voltar ao sono. De manhã, ao contar à rainha sobre a nova visão, ouve dela que agora, gozando de tanta felicidade matrimonial, estava tendo sonhos tão doces, que atraíam aqueles pássaros e insetos provadores de néctar. O rei, que já tinha pela rainha muito amor e admiração, fica ainda mais encantado com aquela mulher fascinante, tão cheia de mistérios!

Segue-se um tempo de paz. Ocorre que, uma noite, estando ainda desperto enquanto a esposa dorme, o marido vê um unicórnio azul chegar mansamente em seu quarto. Dessa vez, o espanto é tão grande, já que unicórnios são seres que nem têm existência real, que

183

ele passa o resto da noite acordado, esperando a hora de a mulher levantar. Quer saber dela quem é aquele novo visitante. Ao acordar, ela diz que aquela era a montaria de sua imaginação:

— Leva meus sonhos lá onde eu não tenho acesso. Galopa a noite inteira sem que eu lhe tenha controle — esclarece.

Fascinado por essa ideia, a partir de então, mal a mulher adormece, o marido acorda. Montado naquele animal mítico, galopa a noite toda e conhece cada vez mais a liberdade de novos caminhos, tão azuis quanto o unicórnio. Isso lhe traz tal satisfação, que todo o resto, o que até então era sua vida em vigília, perde a importância: o reinado, as guerras, os bailes, até mesmo a rainha, que ele só quer ver dormindo, para poder viajar no transporte dos sonhos, que lhe toma por empréstimo.

A mulher, percebendo a transformação de seu homem e sentindo-se doente de tanta mágoa pelo abandono de que se julga vítima, trata de convocar uma de suas aias e confia-lhe uma missão sigilosa: tão logo ela dormisse, a aia, que devia ficar escondida sob a cama do casal, precisava encontrar o leão e lhe costurar as patas, que haviam sido decepadas, prendendo-as novamente ao corpo do animal.

Ocorre que a camareira responsável pela tarefa, cansada de tanto esperar o casal adormecer, pega também no sono e, ao acordar, o rei já saíra a galopar sem que ela visse. Desavisada dos tão peculiares detalhes oníricos reais, ela segue à risca as ordens recebidas, aprontando o leão, conforme lhe fora recomendado.

Desde então, em guarda, a fera volta a não permitir que nada entre nos sonhos da rainha. Dessa forma, torna eternamente errante o unicórnio e, com ele, o rei, seu cavaleiro noturno.

Assim como nesta história surge uma terceira pessoa — a camareira — cujo descuido causado pelo sono incontrolável desencadeia a separação do casal, no mito "A cabeça voadora" essa terceira pessoa é a mãe da mulher. É ela que, interrompendo o acordo tácito entre o casal (a partir da interpretação que faz da realidade), denuncia a parte secreta e frágil da relação daqueles amantes, quebrando, assim, a precária harmonia da cumplicidade entre os dois.

Numa versão romanceada do conto "Barba-Azul" feita por Angela Carter[117] que tem por peculiaridade trazer à tona o tom erótico ocultado na narrativa tradicional daquela história, a salvadora da jovem esposa é sua mãe. Ela irrompe valentemente castelo adentro, na hora exata em que a heroína vai ser sacrificada, e dá cabo do genro assassino. Vemos, em todos esses exemplos, uma alusão a uma força feminina que, agindo como terceiro ponto do triângulo, poderia criar um espaço de transformação para uma relação entre homem e mulher aparentemente fadada a um destino trágico determinado. Que força é essa?

CAPÍTULO IV
Vasos Sagrados

"Cio da terra, a propícia estação, de fecundar o chão..."[118] A música acorda na gente o desejo latente de participar do nascimento contínuo da vida. Um chamado que faz vibrar o que, em nós, é ainda a argila primeira, criadora. Somos, de repente, o próprio chão de onde brotamos e para onde tornaremos, sempre fecundos.

Mulher de barro[119]

Era num tempo em que ainda não existiam potes para cozinhar. Tinha uma moça, recém-casada, que queria ter um pote para fazer uma chicha bem boa pra seu marido. A mãe dela, com pena da filha, quis ajudar e disse:

— Olhe, eu vou virar barro, pra você me fazer de pote. Me bote de cabeça para baixo. Faz de conta que minha xoxota é o gargalo da tigela. Lave bem por dentro e, quando estiver limpinho, me põe no fogo e pode cozinhar a chicha dentro de mim. Mas cuidado para não deixar a água secar, que meu coração pode se queimar. Põe sempre mais água quando for secando...

A filha, contente com a solução oferecida, fez tudo como a mãe ensinou. Emborcada, a mãe de barro ficava sendo o pote. Sua xoxota bem lavada era o gargalo e, assim, a moça acendia o fogo, e punha a mãe-pote para ferver a chicha.

Cuidadosa, não esquecia a recomendação de ter cautela para não deixar aquecer demais, por causa do coração, que precisava ser preservado. Assim, ia pondo água, à medida que ia secando. Quando a chicha ficava pronta, tirava do fogo e punha para esfriar, fora da panela.

Mal lavava o pote vazio, a mãe virava gente outra vez. A velha ficava muito cansada com todo aquele processo, mas, mesmo assim, quando voltava a ser gente, ainda ajudava a filha a coar a chicha.

Sem saber de nada sobre a combinação das duas, o marido da moça adorava a chicha que ela fazia. Achava gostosa por demais! Estava sempre pedindo que ela preparasse a bebida. Mal ele saía, a jovem chamava a mãe e repetia o ritual: a velha virava vasilha de barro, e ela cozinhava o caldo da bebida, até fermentá-lo bem, garantia de boa chicha. Na verdade, ajudar a filha era um grande prazer, e a mãe se oferecia sempre para servir de pote.

Desse modo, naquela casa, tudo parecia correr muito bem. Só que o marido tinha uma outra namorada. Bisbilhoteira, esta foi tomar conta da vida da esposa, para descobrir por que o marido gostava tanto dela. Por que ele falava tão bem da chicha que a mulher fazia? E viu! Invejosa, a amante foi logo contar tudo para o homem:

— Sabe como é feita a chicha que aquela lá te dá e você diz que é a melhor do mundo? Pois fique sabendo que ela cozinha dentro do corpo da mãe dela. Ouviu bem? Dentro da xoxota da tua sogra! Coisa mais nojenta!

Embora achasse aquela história bem estranha, o marido ficou meio desconfiado. Depois, com a fofoca fermentando e ecoando em seus ouvidos, acabou acreditando. Foi assim, de repente, que tudo pareceu possível para ele. Já chegou em casa muito bravo, gritando com a esposa, bem na hora em que a mulher estava preparando a chicha. E viu!

— Então é isso: eu acreditando que você me fazia uma chicha bem limpinha, e você me dando uma bebida feita dentro da periquita da tua mãe? Como pude gostar de uma coisa dessas?

Cheio de raiva, chutou a sogra-pote, que se quebrou em muitos pedacinhos. A moça, chorando, tentava juntar os cacos, para colar, querendo montar a mãe outra vez. Esta, ainda gemendo de dor, determinou:

— Vou-me embora daqui. Fui ofendida por seu marido, que machucou meu corpo, e agora não posso mais ficar nessa casa. Vou ficar junto do barro para poder fazer outros potes para você.

Dizem que ela, nesse dia, se juntou ao barro de um igarapé e, assim, virava pote, panela, cuia, tudo que serve para fazer comida boa. Só que, quando as outras mulheres da aldeia descobriram isso, foram lá e começaram a pegar daquele barro, para fazerem suas vasilhas. Surpreendentemente, aquela argila era a que fazia as panelas mais bonitas.

Foi então que a moça, filha da mulher-pote, ficou grávida. Com a barriga já bem grande, não podia tirar o barro. Chorava muito de saudades da mãe. Triste, reclamava com as colegas:

— Esse barro bom é o corpo da minha mãe. Vocês não me dão nem um pouquinho... Mas ela ainda vai me ajudar a ter as panelas mais bonitas de todas!

Tanto chorou seu desamparo que, um dia, a mãe veio até ela, em sua forma antiga, de gente viva. Acarinhou a filha e contou que o barro que as outras mulheres estavam pegando era quase que só cinza, restos de madeira queimada, sem boa liga. Prometeu dar à filha um barro muito melhor, para fazer a louça mais bonita que pudesse modelar. Mas recomendou, severa, que, quando as invejosas lhe pedissem um pouco, era pra ela negar. Disse que aquele barro especial seria só dela e que ela não desse aquele bem precioso a ninguém. Acabando de orientar a filha, a mãe desapareceu, misturando-se à terra.

Foi só isso acontecer e a moça entrou na beira do igarapé. De dentro da lama, tirou panelas muito lindas, de todas as formas e tamanhos, prontinhas para usar. Seguindo os conselhos da mãe, escondeu tudo no mato, antes de chegar à aldeia. No entanto, estava muito triste. Sabia que, depois de lhe dar todo aquele barro, sua mãe não voltaria mais, e elas nunca mais iriam se ver de novo.

Lá na beira do rio, formando uma lama escura, só tinham restado cinzas, restos de madeira queimada, e era com essas sobras que as mulheres fariam suas panelas, dali por diante. Para que as outras não soubessem de nada, como a mãe recomendara, a mulher foi tirando seus vasos do esconderijo, um por um. E eles eram de fato tão mais bonitos que, mesmo sem entender qual era o mistério, todas as outras mulheres continuaram a invejar sua sorte.

... contam que, no início, foi assim que aconteceu. Quem já viu a terra porejando água não duvida do que ouviu.

Cultura matrilinear

Chegamos, com esse mito, a um tempo em que o fogo já era produzido pelo homem, mas a mulher ainda não havia inventado a cerâmica e, portanto, não podia cozinhar dentro de um vasilhame. Usava o tronco oco das árvores para colocar o caldo da mandioca e completar a fermentação.

A jovem índia não tinha pote para fazer a chicha. Mas a chicha não precisava mais ser feita pelo processo de fermentação através da mastigação, com o auxílio da saliva da mulher. O domínio do fogo já possibilitava a técnica do cozimento do caldo.

A primeira leitura que faço é a de que este mito se refere à herança matrilinear, que deve ser multiplicada. A mulher velha seria a Grande Mãe, a sabedoria mais antiga da própria terra — geradora de vida.

A mãe oferece parte de seu próprio corpo, sua boca inferior — a vagina —, *para a filha agradar ao marido.* É diretamente da mãe que a filha vai aprender a arte do feminino transformador e oferecerá o produto dessa alquimia ao marido, promovendo seu prazer e esperando sua aprovação. Este é um daqueles mistérios que pertencem à cultura das mulheres.

Quer o destino que a traição e o ciúme se interponham ao bom andamento da história. *A amante desvalorizada, sem condições de igualar-se aos talentos da outra, sua rival, vai bisbilhotar, invejosa, e descobre* o *tempero* especial daquele néctar dos deuses.

Sem condições de imitar a adversária (porque a história não nomeia para a amante uma mãe generosa que lhe dê apoio), ela usa a delação como forma de destruir o que não suporta ver: a boa relação com a mãe, que sua concorrente tem. Mais do que ciúme, trata-se aqui de sua prima-irmã, a inveja, que, como já vimos nos comentários ao mito de Ceiuci, de Jurupari e em "O comedor de cobras", visa despojar, esvaziar o outro, a quem o invejoso pensa não poder se equiparar.

O marido desconfia do que ouve, rompendo, assim, a trama da boa relação — e fica envenenado pela dúvida, que não pode suportar. Controlador, esquece o prazer que a chicha lhe traz e já não acredita que a mulher possa estar produzindo-a da melhor forma possível, simplesmente para oferecer-lhe a bebida como deleite.

Vendo o corpo da sogra aberto como um cálice de oferenda, enlouquecido, *atira-o longe,* quebrando-o em mil pedaços e destruindo, assim, a conexão mãe/filha.

Aí está retratada, em uma imagem perfeita, a violência com que o patriarcado atacou o poder do feminino ancestral, mesmo à custa de se desnutrir, de despotencializar a própria energia masculina, privando-a do alimento da sensibilidade, da generosidade, da doçura.

O popular diz, maliciosamente: "Panela velha é que faz comida boa!" E sabe a sabedoria vulgar do que está tratando. Existem muitos mitos que falam da mulher velha que namora um rapaz… Estes relatos parecem tocar em um conteúdo transgressor, capaz de gerar interdições. Talvez por isso algumas pessoas quase não suportem ouvir o mito "Mulher de barro". Incomodam-se com sua irreverência aparente. Mas, para além de sugerir conteúdos edípicos ameaçadores (a sogra, como substituta materna — uma outra mãe —, sendo o continente que abriga aquilo que dá prazer ao homem), o que ele ressalta, principalmente, é a riqueza da cultura como espaço sagrado.

O barro (corpo da mãe reintegrado à terra) de onde sairão as mais belas panelas é aquela mesma matéria que forjou a primeira mulher, Lilith, e o primeiro homem, Adão. Ao mesmo tempo, é o material de onde se fez aquele outro pote, que espalhou pela terra as misérias, como castigo divino pela curiosidade de Pandora. Esta que foi forjada a partir do fogo, assim como o vaso que trouxe ao mundo.

Agora, já é *a mulher* que *passa a criar*, ela própria, *os jarros, as panelas, as cuias* nos quais, pouco a pouco, generosa e alquimicamente, produzirá os alimentos. Os utensílios, como extensão de seu próprio corpo (mãe/terra), propiciarão o armazenamento, o transporte e a preparação daquilo que nutre, que garante a sobrevivência dos seres humanos e a preservação da espécie.

Betty Mindlin recolheu ainda um outro mito semelhante entre os Aricapu.[120] Nessa versão, é um amigo do marido quem, também por inveja (ou ciúme, medo, terror pelo que vê e que une todos esses sentimentos... quem sabe?), delata a combinação entre a esposa e a sogra, estimulando a revolta do genro. No final da história, que segue o mesmo caminho de destruição e dor, gerando doação ainda mais incondicional, a mãe diz à filha: "No lugar do fogo, onde eu me esquentava como pote, cozinhando a sua chicha, vai aparecer uma bolha de barro. Você abre a bolha de cima e tira o de dentro. Você vai poder fazer um pote pra você." E, de fato, a bolha aparece, como um olho-d'água, uma mina d'água que sai do chão. Água que flui como o afeto, brotando como bolha, trazida pelo calor da terra. Novamente água e fogo, numa origem comum, gerando Vida. Esta pode ser uma referência preciosa ao manancial de energia, sempre presente, ainda quando parece extinto na vida individual e nas culturas humanas. Novamente o *"rio-abajo-rio"*...

Ao ir decifrando, cuidadosamente, como fiz até aqui, cada mensagem oculta nesses valiosos relatos, acredito cada vez com mais convicção (e daí insistir enfaticamente) que tirar do sono letárgico as verdadeiras culturas brasileiras, ao valorizar seus mitos, possa ser um resgate dessa energia latente.

Quando se pensa no desgaste ambiental (incluindo neste conceito a microecologia interna de cada um de nós, a ecologia das relações entre os seres humanos e a macroecologia do planeta), é preciso ter em conta que dos cacos do *pote* partido, pela agressividade gerada no ressentimento e na ignorância, pelo preconceito e pela intolerância, poderão surgir novas possibilidades de continências; que a energia é matéria-prima perene e, como o barro, se presta à transformação constante: se faz, se desfaz e se refaz.

Agora, não se trata mais do fogo do controle, do poder sobre alguma coisa. Mas do fogo interno da terra, que se exterioriza transformado em bolha d'água capaz de gerar, então, a luz de um novo conhecimento. Poder de criar algo.[121]

Esse é o simbolismo que encontro no mito de nossos indígenas: a cerâmica como a arte que traz a união de terra, água, fogo e tempo em sua produção;[122] que mostra o sentido criativo dos deuses, surgido do mundo das águas e, ao mesmo tempo, trazendo consigo os poderes do fogo. Fogo que permite encontrar a fonte, que produz o barro, que contém a Vida.

Por meio da magia de uma história, podemos penetrar melhor nesse espaço entre mundos, onde se dá a transformação. O lugar em que tudo é, em potência e essencialmente. Deixemos que um mito nos reconduza até a mata inda outra vez. Lá está aquela jovem índia encantadora...

Moça-retrato-da-lua[123]

Era uma moça tão linda quanto a lua! Os jovens da tribo eram todos apaixonados por ela. Amável, ela demonstrava amizade por todos eles. Apenas amizade. Convivia assim, expansiva e sedutora, mas não queria ouvir falar em casamento. Até o filho do tuxaua se declarou a ela e foi rejeitado. Ela alegou que não era filha de um chefe e ele, talvez compreendendo que ela não se sentisse à sua altura, se conformou, tristonho.

Acontece que, quando não estava se divertindo, junto com os outros jovens, ela costumava sumir da vista de todos. Deixava sua maloca e ninguém via para onde ela ia. Intrigados, os rapazes resolveram segui-la. Imaginavam que tinha um amante secreto e queriam matá-lo, por sentirem ciúmes.

Foi numa noite de lua cheia que eles resolveram pôr seu plano em ação. Com a luz do luar clareando a paisagem até bem longe, viram quando ela se encaminhava para a cachoeira. Foram atrás e encontraram a moça sentada numa pedra com o rosto voltado para cima, parecendo mirar a lua.

Era tão bonita e tão clara aquela visão que eles, atraídos, foram chegando cada vez mais perto. Aí perceberam que o rosto da moça era a própria lua, igualzinha àquela que aparecia no céu.

Emocionados, chegaram a perder a fala de tanta surpresa! O clarão que viam parecia um fogo que iluminava tudo ao redor. Mas não foi só isso. Logo eles viram descer do céu uma outra moça, bonita como a lua. Nesse momento, a moça uanana levantou-se e já não parecia mais uma mulher: era um moço!

A moça que descera do céu e aquele moço se abraçaram, e um fogo frio os envolveu. A friagem chegou até os rapazes e eles tremiam, sem saber ao certo se era de emoção ou frio... Chegavam a sentir seus corpos doerem e voltaram depressa para casa, silenciosos durante todo o caminho. Sentiam tanto medo ao lembrar o que tinham visto, que nem conseguiam falar uns com os outros a respeito.

Exaustos, adormeceram logo, e no dia seguinte, ao acordarem, não recordavam direito o que havia acontecido. Tudo parecia não passar de um sonho e se mostrava ainda mais irreal porque a moça tuxaua andava pela aldeia, naquela manhã, como fazia sempre, normalmente...

Mas quando os rapazes viam as outras jovens abraçando a moça misteriosa, iam se lembrando pouco a pouco da cena a que tinham assistido... Mesmo assim, continuaram não fazendo nenhum comentário sobre o acontecido.

Foi a própria moça uanana quem resolveu esclarecer o assunto. Ela começou contando para as outras jovens:

Antigamente, muito tempo atrás, havia uma terra, bem na raiz do céu, onde todo mundo era bonito. E tinha um moço, mais lindo que todos, que chegava a ser tão bonito como o sol! Ele era desejado por todas as moças da sua terra e cada qual procurava conquistá-lo a seu modo, fazendo agrados e até puçanga para que ele as amasse. Só que ele era pajé também e pôde ver pela sua sombra, enquanto sondava, o que estava acontecendo...

O moço ia todas as noites para a beira da praia, sentava na areia, e as moças iam atrás dele. Cansado dessa perseguição, ele se sentia triste e ficava só olhando para elas, de longe, até que elas desistiam e voltavam para casa. Ele continuava lá...

Tantas vezes isso aconteceu que as mulheres combinaram de ir uma de cada vez, para tentar conquistá-lo. Foi a primeira, abraçou-o, fez cócegas em seu corpo e chegou a lhe dar um beijo na boca. Ele não se mexeu e ficou só olhando para ela. Decepcionada, ela voltou e contou às amigas o que se passara e como fora rejeitada.

Depois dessa, foi outra e repetiu a tentativa de conquista, e tudo foi igual. Uma a uma, elas foram se revezando, até que, muitas luas depois, cansadas, por não alcançarem nenhum resultado, combinaram: "Agora, uma de nós vai sozinha e vai forçá-lo a namorar!"

A mais novinha do grupo se ofereceu, ameaçando matar-se, se ele não a quisesse. Combinaram que uma delas ficaria vigiando o que ia acontecer e puseram o plano em prática. Assim que anoiteceu, lá foram as duas moças (uma mais na frente, a outra mais atrás), seguindo o moço até o porto. A mocinha fez toda a cena de agrado e sedução, tentando envolver aquele moço bonito como o sol.

Ele olhou bem nos seus olhos e, desconfiado, perguntou onde estavam suas amigas. Quando ela afirmou que estava sozinha, ele quis saber por que viera e ela, então, se declarou, dizendo amá-lo.

— Mas por que você me ama? — quis saber o rapaz.

Como paixão não tem explicação, ela só conseguiu dizer que era isso o que sentia em seu coração.

— Pois bem, se eu lhe revelar o motivo por que não posso retribuir seu amor, você seria capaz de guardá-lo, em segredo?

A mocinha prometeu ser discreta, e o rapaz continuou:

— Lembra que eu não cresci entre vocês? Vim de outro lugar e não sou como vocês. Vou lhe mostrar como sou.

Tirou, então, a tanga e mostrou-lhe o corpo nu.

— Vê? Dá pra dizer se sou homem ou sou mulher?

A indiazinha, intrigada, viu que naquele corpo não havia qualquer marca de definição de um sexo. Assustada, deu um grito de pavor e, correndo, se jogou no rio. Sua companheira, que até então estava escondida, percebendo o perigo, gritou tão alto que logo apareceram todas as outras moças. O que viram, ao chegar ali, foi o moço saindo de dentro d'água, carregando nos braços a mocinha meio desfalecida. Ele, então, beijou-lhe a boca e sussurrou em seu ouvido:

— Você viu: não sou homem, nem sou mulher. Não esqueça que me prometeu segredo. Guarde em seu coração o que sabe!

Levada pelas amigas para casa, a moça foi ficando cada dia mais triste. Olhar perdido, não quis responder a nenhuma das perguntas das amigas.

Irritadas, as moças se reuniram novamente e decidiram insistir na conquista. Combinaram de matar o moço, se ele as recusasse como namoradas. De longe, ele ouviu tudo e achou graça.

Na noite seguinte, ainda era dia quando o moço foi para o rio. O vento soprou, trazendo uma chuva fina e, quando as moças foram atrás dele, viram uma grande fumaça no ar. Seguiram nevoeiro adentro e não encontraram o rapaz. Aguardaram. Quando a madrugada foi chegando, o vento aumentou e a neblina se espalhou. Aí elas viram a cabeça dele ir desaparecendo dentro da água enquanto ouviam seu grito:

— Êh! Êh! Êh!

E o perderam de vista outra vez. Pularam todas na água depressa, tentando achá-lo. Mergulharam várias vezes e nada! Como o dia já ia alto, voltaram para casa, tristonhas, mas com o compromisso de recomeçarem a busca ao anoitecer. E assim foi.

Mal escureceu, foram se sentar lá, onde o moço costumava aparecer, e ficaram assim, chorando desconsoladas, ouvindo o canto repetitivo do urutau. Dali pra frente, ninguém nunca mais as viu, ninguém nunca soube para onde foram. Dizem que a lua as levou e a mãe-d'água tomou o moço pra si.

É essa a história da lua — terminou de contar a índia uanana. — Agora já é tarde, vamos todos dormir — e levantou se despedindo e desfazendo o grupo.

Os rapazes atentos, que, de longe, tinham ouvido a narração, começaram a pensar que talvez ela fosse uma história verdadeira.

Então, quando tarde da noite a índia saiu de casa e foi para a cachoeira, eles a seguiram, como que encantados. Repetiu-se a cena das noites de luar e novamente o fogo frio fez com que voltassem. Com a cabeça em rodopios, foram vendo passar o tempo. Muitas luas depois, já andavam tão tristes e desanimados que as moças começaram a ter pena deles. Foram procurar a moça bonita e pedir que fosse mais carinhosa com os rapazes.

— Hoje à noite, vou contar a cada uma de vocês o meu segredo. Vocês vão saber por que não posso agradar a esses moços — foi a resposta que receberam.

Quando anoiteceu, a moça cumpriu o prometido. Ia abraçando cada garota e levando uma por uma até o mato. Lá lhe mostrava seu corpo.

— Vê? Não sou mulher, sou homem. Mas não diga a suas amigas. Deixe que eu me mostre a cada uma delas.

As moças sabiam, agora, que estavam apaixonadas por ela e concordavam com o que pedia, pedindo que não as esquecesse. Isso durou três dias e três noites. Enquanto isso, os rapazes continuavam a seguir a moça nos passeios noturnos até a cachoeira.

Depois que todas as jovens já sabiam de seu segredo, ela não conseguia mais sair de casa. Era tanta a ciumeira que as mulheres sentiam que ficavam vigiando a noite toda, para que ninguém se aproximasse dela.

Uma noite, ela foi até a cachoeira, mesmo assim. As moças a seguiram. Quando viram o fogo frio chegando, tiveram medo e gritaram. Na mesma hora, o clarão subiu pro céu, correu em direção à lua e, juntando-se a ela, desapareceu de vez.

Passadas muitas luas, todas as moças apareceram grávidas. Quando seus pais perguntaram quem era o pai das crianças, elas responderam:

— O pai de nossos filhos é a Moça-retrato-da-lua, que nunca mais ninguém viu.

... assim termina a contação, porque, a história mesmo, ninguém sabe dizer se já acabou.

O ser: um comum de dois gêneros

Proponho pensar "Moça-retrato-da-lua" como possibilidade de vermos, cada um de nós, em si mesmo, tanto a moça que, de fato, é um rapaz quanto o rapaz que nem é homem, nem é mulher. Aceitemos, por um momento, apenas como possibilidade de ampliação do *olhar*, o convite da indefinição ou da não fixação em ser de um único gênero.

Ela, a índia uanana, convive bem com todos, enquanto consegue ter seu espaço próprio, seu passeio noturno de reintegração, enquanto não lhe é cobrado que retribua o amor que todos lhe devotam. Dona do próprio desejo, ela parece feliz no grupo de que participa.

É *quando começa a ser seguida* que usa a velha técnica feminina de Sherazade[124] e, pelo dom da palavra — atributo de poder dado a Pandora —, *ela conta uma história* para ajudar as outras jovens a entenderem sua verdadeira natureza. Assim, apresenta-lhes o *seu moço*. *O relato que faz tem um protagonista de gênero oposto ao seu*, mas trata de fatos tão similares aos do cotidiano que vive, que seria fácil e até natural que as moças, ao escutarem, fizessem uma transposição do conteúdo, compreendendo logo sua mensagem. O jogo de oposições (que, como se sabe, são sempre simples inversões das semelhanças) é tão evidente que ela começa falando que o moço era bonito como o sol e termina dizendo que lhes contara a história da lua. Sol e lua, mais uma vez, aparecem como signos ao mesmo tempo opostos e complementares.

O mito diz que *os rapazes percebem que a história pode ser verdadeira*. Embora eles houvessem esquecido o que tinham visto ao seguir a moça, o conteúdo reprimido ali estava, trazendo desconforto. E *eles vão ficando* de tal forma *tristes*, que *as moças resolvem interceder a seu favor*.

Então os rapazes já sabiam e tinham esquecido: *veem que aquela moça era um homem* que namorava a lua e ia encontrá-la todas as noites. O que acontece nesse momento? *As moças ficam apaixonadas*, tanto mais que se tornam cúmplices do moço bonito, que a cada uma delas pede segredo sobre sua identidade. Repetindo a perseguição, a exemplo do que os homens faziam anteriormente, agora são as mulheres que *a impedem de fazer seu ritual de encontro noturno*.

A história termina com gravidezes misteriosas, depois de todas as jovens mergulharem nas águas do rio. E as moças apontam a Moça-retrato-da-lua como o pai de seus bebês.

Parece, no entanto, que, quando *dizem que o pai dos bebês é a Moça-retrato-da-lua*, estão apenas confirmando sua entrega total a ele, porque o mito não chega a mencionar os nascimentos, deixando em mistério o resultado daquelas gerações.

Foi boto, sinhá?

Trabalhei com "Moça-retrato-da-lua", este mito inquietante, contando-o algumas vezes a pacientes, quando percebia que a questão da integração das energias masculina e feminina parecia um tema difícil de abordar. É o tipo de história que se desdobra — suas partes encaixam-se uma dentro das outras, como aquelas bonecas russas, as matryoshkas. A tendência do paciente, ao ouvir qualquer mito, é querer apreender seu conteúdo pela lógica, que, evidentemente, não encontra ali. De maneira geral, num primeiro momento, o ouvinte se sente desconfortável e tenta rejeitar o valor do relato. No entanto, a beleza de algumas imagens ajuda o ouvinte a identificar os símbolos nos elementos que ele já conhece — o luar, a neblina, o olhar apaixonado — e, por essas pequenas portas da magia, o sentimento pode ir caminhando mais livremente e permitir ao mito ocupar seu lugar de libertador. Porque é de nossos próprios segredos e mistérios que cada um de nós é cativo.

Lembro-me, em especial, do caso de uma paciente, uma jovem nordestina, moça simples, de origem humilde, que fora abusada sexualmente pelo pai durante toda a infância. Ela trazia, na história de sua família, casos semelhantes ao seu e vinha sofrendo muito em consequência disso. Mostrava-se tristonha e refratária a qualquer aproximação de rapazes que a quisessem namorar, com dificuldade de desenvolver, sem culpa, seus aspectos femininos.

Após ouvir-me contar esse mito, surpreendentemente disse-me que o achava lindo. A partir de então, foi se tornando mais alegre e ganhando mais segurança em sua feminilidade. Passou a me pedir que lhe contasse as lendas da Iara,[125] do boto e outros tantos mitos presentes em nossa cultura, muito populares no Norte e no Nordeste do Brasil — sua região de origem — e que tratam das questões de sedução e de encantamento. Atendida em sua demanda, ouvia minhas narrações com grande interesse. Aqueles relatos tiveram o poder de ir apaziguando seu coração, provavelmente organizando os conteúdos psíquicos que a atormentavam. Em pouco tempo, ela já conseguia falar dos seus sentimentos mais antigos, sem ter medo de ser julgada por eles ou de sucumbir a sua lembrança.

Logo, aquela jovem mulher, cada vez mais tranquila, encontrou um parceiro amoroso, eles namoraram e se casaram. Na última vez que me visitou, veio, feliz, trazer seu bebê para que eu o conhecesse.

O boto e os seres da água

Muitas histórias míticas existem em torno da concepção humana através de seres da água. No Norte do Brasil o boto[126] é frequentemente apontado como pai, em gravidezes misteriosas. Na crença popular, a boiuna,[127] a cobra-grande, também pode possuir as moças que se jogam nas águas, assim como alguns peixes podem vir a engravidá-las, conforme já vimos em nossa citação do mito *Poronominare*.

Mas existe um mito amazônico, em especial, que fala da serpente mboyusu,[128] que é vista também como um arco-íris subaquático.

A serpente mboyusu

Contam que essa cobra gigante deixou, um dia, as águas do rio onde vivia, disfarçada de velha, para ir ensinar a arte da olaria a uma índia. Assim fez, transmitindo à moça os saberes da pintura branca básica e das coberturas amarelas, castanhas e vermelhas.

Acontece que isso foi num tempo de relações estranhas entre humanos e serpentes. Diz-se que algumas mulheres criavam as cobras machos em jarras, e iam aumentando esses recipientes à medida que as moradoras iam crescendo. Depois que elas se tornavam cobras adultas, deixavam-nas num lago, onde iam visitá-las, quando queriam tirar o modelo dos traços e dos tons dos desenhos de seus corpos para os vasos de barro que fabricavam.

Contam também que essas serpentes eram amantes das mulheres. Da mesma forma, se costuma dizer que elas se transformavam magicamente em lindas jovens, para namorarem os homens.

Arco-íris e vasos de barro, serpentes que ora são homens, ora são mulheres, esses signos são velhos conhecidos da sabedoria popular. A respeito do arco-íris, conta-se que existe um pote de ouro no final dele e que, se alguém cruzar este arco de luz — um autêntico portal —, terá seu sexo transmutado instantaneamente. Homens se transformam em mulheres e mulheres viram homens, nessa passagem.

Será esse o tesouro que o pote do arco-íris conserva? A capacidade de se viver os aspectos masculinos e femininos de forma criativa e integradora? Porque não podemos esquecer que o arco-íris é, também, na Bíblia,[129] o sinal escolhido pelo Salvador para confirmar sua reconciliação com a humanidade, depois do dilúvio: sinal de esperança renovada na capacidade de harmonia entre os seres humanos.

A lua e suas muitas faces

Em suas narrativas míticas, impregnando-nos de sua beleza e reanimando-nos na imersão que elas promovem, os indígenas brasileiros encontram uma forma integradora de tratar das intrincadas forças masculina e feminina e de nos alertar para nossos moços e moças internos, em seus aspectos controladores, que impedem que contemplemos a lua cara a cara. São os aspectos culturais neurotizantes que nos forçam a ter comportamentos estereotipados, de macho ou de fêmea, abandonando as enormes possibilidades de alternância das energias masculinas e femininas, que permitem um grande enriquecimento pessoal e relacional.

Os deuses peruanos Pachapapa e Pachamama, ambos retratados simbolicamente com o corpo duplo, de um lado macho, de outro, fêmea, são ótimos mestres da riqueza que essa compreensão do masculino e do feminino, dentro de cada um de nós, pode trazer para as relações. Quando Pachapapa está com seu lado macho exposto, Pachamma expõe-se fêmea; quando ela se mostra como homem, ele aparece mulher, ensinando que, para a harmonia do encontro, o que importa é a complementação das funções masculina e feminina.

Esta questão é tratada com imensa delicadeza e beleza, que facilitam e ampliam sua compreensão, no filme *A bela do palco*,[130] cuja história se desenrola na Inglaterra do século XVII, quando a atuação das mulheres no teatro ainda era proibida naquele país. Este mesmo tema já tinha sido abordado no consagrado *Shakespeare apaixonado*.[131]

Em ambas as histórias, ambientadas num tempo em que ainda não eram permitidas atrizes em cena, os papéis femininos eram desempenhados por homens travestidos.

Em *Shakespeare apaixonado*, uma mulher, transgredindo a proibição de representar, se disfarça de homem para conseguir o papel que almeja numa peça. Em *A bela do palco* o desencadeador da trama é, também, o desejo feminino de estar em cena. Lembremos que *estar em cena* é um termo também usado para dizer: ocupar seu lugar. Significativamente, o destaque nesse segundo filme é a situação dramática de um homem, escravizado à encenação de um feminino imposto de fora para dentro. Preparado desde criança para desempenhar exclusivamente papéis de mulher, a performance feminina adere a ele como uma segunda pele e passa a lhe parecer sua única possibilidade de atuação. A libertação dessa quase possessão e o encontro com seu masculino, até então mascarado e atrofiado, vão se dar provocados pelo movimento de uma mulher. Esta, movida por sentimento incontrolável de identificação com seu amado, envolve-se secretamente com a arte de representar, de forma tão intensa, que ousa reivindicar, e acaba conseguindo, que a lei estabelecida seja mudada. O fato de uma moça assumir publicamente o lugar de atriz, pisando em cena livremente, anuncia a transformação dos costumes vigentes, o que é suficiente para fazer irromper uma crise no ator. Da competição aparentemente apenas profissional, que se estabelece entre os dois, emerge a paixão intensa, sufocada, até então, pela indefinição de uma convivência impregnada de disfarces e insinceridades.

O encontro verdadeiro entre eles se dá ao longo do aprendizado de suas próprias naturezas, pela aceitação de sofridas e inevitáveis alternâncias entre os papéis masculino e feminino, um desafio extremamente difícil, mas, ao mesmo tempo, imensamente estimulante.

Num determinado momento, quando questionado sobre a possibilidade de vir a aceitar fazer papéis masculinos, porque já existiam atrizes mulheres atuando, o ator declara: "Vê-se o homem pelo espelho da mulher, espelhada no homem. Na falta de um deles, nada se vê. Só se vê o homem em contraste com a mulher que ele é. O homem, sem a mulher que habita nele, não é visível a ninguém."

Para encerrar, o filme propõe, no diálogo final entre o casal, que essa seja sempre, de fato, a melhor posição: aceitar que o ser humano, nas múltiplas possibilidades de seu desejo, possa seguir, com digna simplicidade, o caminho que ensina a alternância e a convivência das semelhanças e das diferenças. Envolvida num abraço apaixonado, entre beijos ardentes, a mulher pergunta ao homem:

— Então, quem é você agora?

— Eu não sei... — responde o parceiro, com honestidade e coragem.

De terra, sol e lua

O outro como meu espelho. Ou eu como espelho do outro. É mais ou menos assim que o sol e a lua podem representar o que acontece nos relacionamentos humanos. Toda a potencialidade que existe em cada um de nós só se torna visível, e só faz sentido, na relação com um semelhante.

A lua, símbolo do grande espelho que somos, nos ensina, com suas fases que se repetem infinitamente, a suportar o movimento cíclico do inter-relacionamento, apontando-nos o caminho da eterna renovação.

O sol e a lua são usados, em muitas narrativas míticas, para simbolizar tanto o masculino quanto o feminino. Sol e lua em oposição dão origem, muitas vezes, a eclipses, considerados momentos sagrados por muitos povos antigos. Dentro da leitura mítica que viemos fazendo até aqui, isto soa bastante pertinente. Para que haja a perfeita visão de um ou outro desses corpos celestes, é preciso que se dê a alternância de sua aparição.[132]

Como sol e lua aparecem com tanta frequência, vale conhecer este exemplar da coletânea dos Jivaro, índios que ainda vivem[133] na base enas áreas costeiras orientais andinas, no Equador e no Peru.

Entre Sol e Lua

Contam que Sol e Lua, no começo, eram dois homens que compartilhavam uma mesma mulher — Aoho. Ela gostava mais de Sol, porque seu calor a aquecia, quando ele a abraçava. Já Lua era um companheiro de corpo frio.

Vaidoso por ser o preferido, Sol se gabava, fazendo pouco do rival. Lua, envergonhado e sentindo-se desprezado, subiu ao céu, por um cipó. Lá de cima, soprou sobre Sol e o eclipsou.

De repente, Aoho, que tinha dois maridos, viu-se sozinha, sem nenhum companheiro. Pegou um cesto com argila, que as mulheres usavam para fazer louça, e subiu pela corda de cipó. Lua, muito aborrecido ainda, querendo impedir que ela o alcançasse, cortou o cipó que unia o céu e a terra, fazendo cair a mulher e espalhando a argila por todo lado. Aoho, na queda, transformou-se no pássaro conhecido por noitibó (uma das muitas traduções de Aoho).

Depois disso, Sol também foi pro céu, subindo por outro cipó, mas Lua continua fugindo dele e é por isso que até hoje eles nunca se encontram.

E quando é noite de lua nova, pode-se ouvir o noitibó (Aoho) em seu grito de tristeza pelos maridos que perdeu.

Numa outra versão[134] do mesmo mito, recolhida pelo padre jesuíta Guallart, é o corpo da mulher que, ao cair, transforma-se em argila, dando origem ao barro da cerâmica.

Lévi-Strauss, em seus comentários a esses mitos, nos faz pensar na oposição entre o trabalho do ferreiro (masculino) e o trabalho da oleira (feminino). Ambos usam o fogo como elemento transformador, mas, enquanto o metal passa de rígido a maleável, o barro passa de mole para duro.

Ele ressalta também que, enquanto a boa terra usada para a agricultura é a terra preta, o barro vermelho, desprezado para as plantações, ganha valor com a criação da cerâmica. É mais uma forma simbólica de se pensar a valorização mais ampla da mulher, como ser humano. Até então, vista apenas como mãe e com os valores decorrentes dessa função (terra preta, boa para reprodução das espécies), o que leva ao desprestígio das mulheres que não procriam, ela passa a ser a artista criadora (terra vermelha que, moldável, é continente criativo em potencial), liberta do destino único da maternidade. Como portadora de sabedoria, a mulher mais velha, mesmo não podendo mais procriar, teria seu valor assegurado, como ressalta o mito "Mulher de barro".

Ainda com Lévi-Strauss podemos aprender sobre a relação que aparece, nos diversos mitos, entre ciúme e olaria. Explicada como oriunda do conflito entre potências celestes, esta relação tornaria a técnica de construção com barro uma arte que depende de extremo cuidado e de um delicado ritual para se ter sucesso no fazer. Como deve acontecer no ato sexual? — sou eu quem pergunta. Por que não será o ato sexual cuidado, aquele que melhor promove o verdadeiro encontro entre masculino e feminino, o ritual sagrado capaz de presentificar o mito maior que é o amor?

Entre as ramagens do tinhorão mais belo de nossas matas, encontra-se guardado o símbolo de uma união exemplar. Cheguemos mais perto e contemplemos, sob as folhas cordiformes, o registro da história desse amor.

Tambatajá[135]

Uma vez, uma linda índia da tribo Macuxi apaixonou-se pelo filho do tuxaua da tribo Taulipang. Ela deixou sua maloca, na beira do rio Surumu,[136] e fugiu com o amado.

Contam que o amor entre eles era tão grande que nunca mais se separaram. Andavam sempre juntos: ela o acompanhava na pesca e na caça; ele ia junto com ela para a roça e para o banho de rio. Eram companheiros e viviam felizes.

Tanto sentimento gostoso e tanta intimidade trouxeram-lhes logo uma gravidez, que eles receberam com alegria e que só aumentou sua união. Mas, passados os nove meses de espera, o bebê nasceu morto. A índia ficou muito enfraquecida e não conseguiu mais se levantar, nem caminhar. Suas pernas perderam a força, mas, longe de abandoná-la, o marido passou a carregá-la nos ombros, continuando a ter sua companhia aonde quer que fosse.

Foi assim que, um dia, saíram pelo campo afora comendo mangaba e muruci, completamente integrados com a natureza, que lhes oferecia o alimento bom. Viram o sol se pôr, viram a lua nascer e outro dia surgir. Muitas luas e muitos sóis foram se passando, e eles seguiam, indo sempre adiante... Nunca mais voltaram.

Muito tempo depois, foram encontrados o arco e a flecha do homem e a tanga, os brincos e a pulseira da mulher. E ali, naquele mesmo lugar, começou a crescer um tambatajá, de um verde tão brilhante como até então não se conhecia.

Parceria interna, uma conquista

Aquela planta maravilhosa — o tambatajá —, nascida dos corpos enlaçados do casal amante, ostenta, sob sua folha maior, uma outra menor, que lembra a vulva feminina e cujo talo faz lembrar o órgão sexual masculino.

O homem, capaz de levar consigo a mulher que não pode ser mãe e que, fragilizada, não pode caminhar, mas que ainda assim é sua companheira inseparável, simboliza aquele que integra em si mesmo o feminino, amorosamente e com naturalidade. É também o que é capaz de respeitar que a maternidade seja vocação e não determinação biológica. Portanto, gerar, como sinônimo de criar é, por vocação, atributo de homens e mulheres.

O aumento, nos últimos anos, de quadros clínicos (abortos frequentes das primeiras gravidezes, miomas em jovens recém-saídas da puberdade, tumores nos seios, amenorreia) ligados ao temor inconsciente da maternidade e de suas consequências nos faz refletir sobre como, para as mulheres, ter a responsabilidade quase que exclusiva sobre os nascimentos pode parecer um fardo pesado demais. Quando se debate a questão populacional, ao se pensar na possibilidade de um programa de controle de natalidade em grande escala, fala-se logo em esterilização das mulheres (principalmente daquelas das camadas sociais menos favorecidas) e raramente se propõe a correspondente cirurgia masculina –– a vasectomia. É mais uma injustiça contra as mulheres virem a ser privadas de sua capacidade potencial de procriar. Atitude injusta quando imposta como solução para os problemas sociais porque, de modo geral, é a mulher quem assume (muitas vezes sozinha) a responsabilidade pela criação dos filhos. Em muitos casos, vê-se a mãe ocupando o papel do chefe de família e, frequentemente, o homem, por total despreparo para a paternidade, abandona o lar, indo em busca de novas parceiras, que por sua vez poderão vir a ser, também, mães de outros filhos, criados igualmente sem a presença do pai. Por que mulheres tão corajosas deveriam ser punidas, tendo sua capacidade de criação de vida interditada?

Da mesma forma, uma mulher sem filhos biológicos ainda é de tal maneira discriminada que se torna cada vez mais comum os casais recorrerem a custosos métodos de concepção artificial.

Julia Kristeva[137] reflete sobre questões contemporâneas relativas à maternidade e procriação, como a inseminação artificial e outras formas de concepção produzidas artificialmente. Ela parece temer que não saibamos ocupar esse lugar ainda pouco conhecido a que temos sido alçadas:

Por que é de vocação que se trata, quando temos a liberdade técnica de dispor de nosso corpo num erotismo liberado da ameaça da procriação e quando podemos fazer dessa uma livre escolha? Vocação também, pois que chegaremos, já estamos chegando, à reprodução artificial da espécie, mais ou menos bem.

E conclui dizendo da importância de estarmos atentos, para não virmos a participar da condenação de nossa espécie à manipulação ou à extinção. Novamente recai na mulher a responsabilidade maior, que se nos sobrecarrega, nos dá, também, um poder incomensurável, nem sempre consciente ou sequer desejado.

A constatação deste poder tão grande me faz lembrar um depoimento público, sincero e comovente, que ouvi de um psicanalista carioca, num simpósio sobre as relações entre homem e mulher.[138] Depois de longo debate, em que expositores e público pareciam não conseguir chegar a um consenso, ele pediu a palavra e disse que, como homem, se sentia traído. Afinal, eram as mulheres — as mães —, ele dizia, que educavam os meninos, orientavam sua conduta, influindo diretamente em seu modo de ser. Depois, quando se tornavam adultos, esse modelo de homem não parecia agradar às futuras parceiras. Desabafo magoado, contudo, pertinente, não se pode negar.

Atualmente já podemos ver, justiça seja feita, a participação cada vez maior dos homens na educação das crianças. Isso é bom para toda a família e para a sociedade, não há dúvida. Este costume, no entanto, não se estende a todas as camadas sociais e ainda é preciso muito trabalho de conscientização para chegarmos ao que Maturana[139] chama de princípio matrístico:

> Uma cultura na qual homens e mulheres podem participar de um modo de vida centrado em uma cooperação não hierárquica. [...] Contrário de matriarcal, que significa o mesmo que o termo patriarcal, numa cultura na qual as mulheres têm o papel dominante, matrístico supõe uma situação cultural na qual a mulher tem uma presença mística, que implica a coerência sistêmica acolhedora e liberadora do maternal fora do autoritário e do hierárquico.

Quando os ritos patriarcais de Jurupari instituíram uma forma de os homens se aproximarem do mistério do parto e, por meio da couvade, estabeleceram um período de resguardo para o pai, depois do nascimento do filho, podiam estar querendo controlar a mulher, garantindo socialmente o reconhecimento da paternidade, mas provavelmente tratavam também de estabelecer um espaço para esse sentimento feminino poder aflorar no homem. É bom pensar que aquele ritual precedeu, quase prenunciou, uma transformação nos costumes: hoje, assistir ao parto já não é mais uma interdição para os pais e participar desse momento sagrado possibilita ao homem vivenciar, através de um ritual poderosíssimo, parte do mistério da origem de sua própria vida.

Julia Kristeva[140] é quem novamente nos empresta suas palavras, reforçando nosso pensamento:

O pai, à sua maneira e menos imediatamente, é conduzido à mesma alquimia, mas deve, para fazer isso, se identificar com o percurso do parto e do nascimento e, portanto, com a experiência materna, precisa tornar-se ele mesmo maternal e feminino, antes de contribuir com sua própria parte de distância indispensável e radical. Gosto de pensar que, em nossa aventura humana, nos é dado encontrar o "outro" — raramente, às vezes... — se e somente se nós, homens e mulheres, formos capazes dessa experiência maternal que transforma o erotismo em ternura e faz de um objeto um outro eu.

A partir do pensamento de Kristeva, vendo a gestação e o parto pela perspectiva da participação ativa do pai, é possível encontrar, enfim, o mito grego de Dionísio, prometido desde quando, no capítulo Jurupari, falávamos de Zeus, o deus dos raios e trovões.

Mito de Dionísio

Filho de Zeus e da mortal Sêmele, o bebê Dionísio foi retirado do útero da mãe, morta durante a cópula, tendo sido atingida por um raio fulminante, derivado da intensa luminosidade de Zeus. Isso aconteceu porque a mulher, enciumada, queria conhecer a forma divina de ser amada, invejando a deusa Hera — parceira oficial de Zeus. Assim morre Sêmele, durante a gravidez de Dionísio. Mas o pai salva o filho, terminando de gerá-lo na sua própria coxa.

Dionísio, inicialmente conhecido como deus da vegetação e da fertilidade, acaba imortalizado como sendo o deus do vinho e dos prazeres, o Baco romano.

Então, assim como as leis, o prazer foi também trazido ao mundo pelo filho de um deus com uma mortal, sendo, portanto, o resultado da união entre céu e terra. Ao terminar de gerar Dionísio, Zeus passa a ser, ele mesmo, como continente desta gestação, o pote sagrado, assumindo a função materna. Com isso, integrando sua própria feminilidade, permite que o mundo venha a conhecer muitos prazeres de que esse filho (salvo graças à disponibilidade do pai de aceitar a transformação de sua função originalmente masculina em feminina) virá a ser o portador. Dionísio surge prenhe da herança de ser continente, tanto que se torna o patrono da vegetação e da fertilidade, dons femininos por natureza.

Voltando ao mito do tambatajá - um elemento vegetal que se presta à simbolização da união dos princípios masculino e feminino -, e interligando-o à lembrança de Baco, busquemos pensar o início da cultura da vinha.

Conta-se que a videira selvagem possui flores masculinas e femininas, mas raramente elas podem ser encontradas na mesma planta que, em sua forma primitiva original, não frutificava suficientemente para a produção do vinho. Historicamente, é na mesma época que o homem domina o fogo e se torna pastor que a mulher, para facilitar e garantir a colheita regular, implementa a agricultura. Assim, a exemplo da observação do acasalamento entre os animais, os seres humanos percebem, também, as diferenças entre a reprodução das espécies vegetais existentes.

Ampliado esse conhecimento e a partir dele, surgiu a possibilidade de se fazer seleções e experimentos. Assim, foram sendo identificadas videiras hermafroditas, que são justamente as espécies de videiras capazes de produzir uvas em quantidade suficiente para a fabricação do vinho. Este elixir, cuja origem também está contada em mitos de culturas diversas, é considerado um elemento socializador da humanidade. Ele não só desenvolveu o exercício das trocas materiais, que propiciaram ao ser humano as primeiras relações comerciais, como acabou reconhecido como um bom estimulante da conversação e um promotor de confidências e trocas afetivas.

O termo simpósio, que hoje é usado para nomear colóquios e encontros eruditos, foi herdado da cultura grega clássica. Significa *bebendo junto* e surgiu dando nome a reuniões, em salas especiais, onde se bebia o vinho, que favorecia que as conversas se dessem, profícuas, em ambiente de alegre convívio.

Novamente se ressalta a importância da palavra que, tecida em rituais, cultuada, parece aliada à importância de o princípio feminino entranhar-se na energia masculina.

Toda essa reflexão nos leva de volta ao primeiro mito. Eis-nos de novo no terreiro da casa de Ceiuci, no exato momento em que a filha da velha gulosa descobre o moço bonito. Ele, o moço mais bonito do mundo! Ela, a moça mais bonita já vista! Ali, eles começam a se tornar um só. E é por isso que ele poderá se salvar. A moça é o próprio aspecto do feminino no índio. Que ele aceita e incorpora. Que vai lhe ensinar a saída criativa de tecer os cestos — uma metáfora para a linguagem comum que eles criam nesse momento; de transformá-los — uma alusão possível às muitas significações que cada palavra pode ter; de entregá-los e perdê-los — qual o discurso proferido que, como flecha disparada, não se pode mais reaver; e de ouvir os avisos na floresta — o dom da escuta atenta como forma de apreensão dos significados e interpretações múltiplas de cada mensagem. É a lembrança da moça bonita, de *sua moça bonita* internalizada, que vai impulsionar o homem em direção à vida.

Será então a palavra — a produtora do diálogo — o ouro do pote do arco-íris?

É interessante lembrar que a mitologia judaico-cristã, assim como conta que o arco-íris foi o símbolo usado por Deus para mostrar a renovação de sua esperança na humanidade, após o dilúvio, diz também que Noé — o patriarca encarregado da salvação da vida na Terra —, após deixar a arca, começa a plantar justamente uma vinha.[141]

Significativamente, a cerâmica surge mais ou menos no mesmo período do cultivo das vinhas e da produção do vinho (cerca de 6.000 anos a.C.) e muitas das peças de barro mais rudimentares encontradas em escavações arqueológicas eram jarros onde se servia... Imaginem o quê? Exatamente: o vinho.

Oleiros do barro de boa liga

Não é novidade ouvir falar da necessidade de o aspecto feminino (o potencial criativo, amoroso e generosamente transformador) ser desenvolvido igualmente em homens e mulheres. Cada vez mais, pensadores de diferentes culturas se debruçam sobre este assunto e, desde a década de 1970, já se assume falar em androginia[142] como o encontro harmonioso dessas energias, em cada um de nós.

Jurandir Freire Costa nos aponta uma possibilidade desse encontro:

Em vez da tediosa pergunta "quem é você, sexualmente?", deveríamos perguntar "como podemos ser mais solidários entre nós?". O que fazer para reinventar uma amizade, no sentido pleno da palavra, onde sexo deixasse de ser bicho-papão e pudesse ser só mais um ingrediente de nossas possibilidades de autorrealização?[143]

Já os escritos de Lola Hoffman[144] prenunciam também, no século passado, o fim do patriarcado, libertando o homem da culpa de tê-lo produzido. Hoffman[145] observa que esse é um fenômeno que envolve toda a humanidade: homens e mulheres. Assim, reconhece que esse estado de coisas também acarreta sofrimento ao homem contemporâneo.

Ela divide, com o público leitor, a experiência dramática de sua prática como psicoterapeuta:

Cerca de noventa por cento das mulheres que chegam ao meu consultório sofrem de depressão e angústia, consequências de uma vida frustrada, o que produz uma enorme agressividade. Como é impossível dirigir essa agressividade contra a família, que se "tem" que amar, dirigem-na contra si mesmas. Uma pessoa triste, sem impulso, sem vida, não pode agredir. Assegura-se, assim, de não ter uma culpa insuportável. Mas se autodestrói.

E oferece uma saída:

As mulheres podem romper com esta vida medíocre decidindo-se a trabalhar. E trabalhar pelos demais. Introduzindo-se no mecanismo da cultura. E este não é um tema de feministas, mas sim da natureza humana: participar na criação.

Neste ponto, a *receita* daquela psicanalista coincide com a dos filósofos, quando Camila Prado,[146] comentando Hesíodo,[147] propõe um outro significado para a esperança, preservada no vaso de Pandora:

Dessa maneira, a esperança, que, como espera por uma reunião ou integração do homem com os deuses, ficou guardada dentro do vaso, poderia se identificar com o trabalho. Ou melhor, o trabalho seria o único meio de realizar essa reunião.

Trabalho e prazer em comunhão, garantindo ao ser humano a alegria no ato de produção, é uma questão contemporânea desafiadora. A tecnologia facilitará, dizem alguns, a execução de tarefas e trará mais liberdade em relação a espaço e tempo, de tal forma que teremos todos, no futuro, maior disponibilidade para um fazer criativo mais satisfatório. Quimera ou não, porque há que pensar as consequências (nem sempre tão construtivas) que o progresso tecnológico acarreta, esta é uma visão que estabelece uma meta utópica. Talvez cheguemos, enfim, à reavaliação do objetivo maior das atividades humanas. Pensando em até que ponto elas são, de fato, voltadas para o bem-estar da humanidade e para a preservação da qualidade de vida, poderemos (quem sabe?) alcançar aquele sentido sabático de, em um determinado momento, podermos entrar em harmonia com a Unidade, na contemplação da obra realizada.

CONSIDERAÇÕES FINAIS
Uma identidade mítica

Se falar sobre relações humanas é muita pretensão, escrever sobre relações homem/mulher já me parece, a essas alturas, quase uma temeridade. Zona de risco, a entrada nela nos põe em contato direto com o espaço transicional, queiramos isso ou não. É como atravessar o arco-íris à procura daquele pote de ouro transformador. Haverá retorno? E não será essa a questão central da entrada do ser humano no processo cultural?

Mas, no meu caso, o risco foi aceito anteriormente, quando um dia, lendo Saramago,[148] aceitei trazê-lo como manual de navegação, na viagem do descobrimento mítico. Naquela primeira monografia sobre o uso terapêutico de nossa mitologia,[149] me acudi no criador da psicanálise para buscar aval de qualidade inquestionável. Citei Freud, que em *O mal-estar na civilização*[150], delineou três causas para o sofrimento humano: a finitude do corpo, a impossibilidade do controle da natureza e as dificuldades dos relacionamentos humanos.

Essas causas aqui estão, impregnadas nos significados que vimos extraindo da sabedoria indígena dos povos nativos da terra brasileira, legada à humanidade no conteúdo de seus mitos, desde muito antes de se estruturarem como questões psicanalíticas. E as descobertas da psicanálise, como acontece com todo novo conhecimento, só a duras penas alcançaram o reconhecimento da comunidade científica internacional.

Lá atrás, nos idos 1999, eu prosseguia em minhas reflexões, confirmando que, como Freud previa nesse texto citado, os avanços tecnológicos trouxeram algumas respostas, ainda que parciais, para os dois primeiros problemas — a finitude do corpo e a impossibilidade do controle da natureza. No entanto, parece que as soluções encontradas até hoje só nos têm causado uma inquietação cada vez maior, na medida em que o fato de a tecnologia nos ter tornado tão poderosos não contribuiu em nada para o nosso encontro com a felicidade. Pelo contrário, acabou por nos fazer mais distantes do espaço do entendimento humano possível. No que concerne à ciência, esta, a par de nos permitir maior poder de criar e transformar, vem estimulando mais e instrumentalizando melhor o uso da agressividade e de nosso poder de destruição.

Cada vez mais desamparados em relação ao confronto das forças opostas - Eros e Tanatos - que nos governam desde sempre, atravessamos o século XX e já entramos no século XXI inventando e buscando aprimorar técnicas psicoterápicas que nos ajudem a suportar esse conflito interno, muitas vezes paralisante, que nos adoece, nos torna infelizes e infinitamente solitários.

Em relação aos resultados dessas buscas, os psicoterapeutas não temos sido tão bem-sucedidos quanto seria desejável. Queixamo-nos do esvaziamento dos consultórios, de nosso próprio desalento, do insucesso de nosso trabalho em relação a novas modalidades de sintomas. A aparência psicopática de nossa sociedade,[151] o crescente aumento dos quadros de tédio, de depressão, ou das inúmeras formas do que se convencionou denominar de "síndrome de pânico" resistem à possibilidade de abordagens terapêuticas capazes de se enquadrar nas regras ditadas por tempo e recursos materiais cada vez mais escassos.

Por que, então, não haveríamos de lançar mão da enorme riqueza de nossa própria mitologia, como bálsamo para as dores de desalento e desespero que têm denunciado o adoecimento de nossa sociedade?

Morin[152] testemunha que sua experiência em ciências humanas lhe trouxe a possibilidade de compreender a importância antropológica cultural e civilizacional do imaginário e dos mitos e, assim, de poder encarar tanto o homem quanto a sociedade de forma multidimensional.

Insisto, ainda uma vez, na reflexão[153] que estimula continuamente meu trabalho, registrando aqui o desafio:

Por que nós, os brasileiros, desconhecemos a mitologia de nossos povos ancestrais? Por que relegamos uma herança preciosa que pode nos ensinar o verdadeiro sentido desta terra, transmitido diretamente pelos seus genuínos habitantes, e nos integrando, naturalmente, a valores equivalentes em mitos das diferentes culturas universais?

É fundamental lembrar que a mitologia nos traz, para além da história de deuses, a força primordial, onde está presente o essencial.

* * *

Na primeira vez em que apresentei publicamente meu trabalho com mitos indígenas brasileiros em psicanálise, desenvolvi uma comparação entre o pioneirismo da iniciativa, ao introduzir a contação da mitologia indígena brasileira no trabalho clínico, e aquele arrojado movimento exploratório dos navegadores portugueses, da época dos chamados Grandes Descobrimentos. Mais tarde, expandi o mesmo tema no trabalho, "Das tormentas à esperança: uma travessia mítica", fazendo alusão ao conhecido episódio da intransponibilidade da costa africana antes do século XIV.

Ao encerrar o texto deste livro, que tem certamente seu esboço nessas experiências anteriores, me ocorre lembrar que a história oficial do Brasil conta de uma expedição que se destinava às Índias e veio dar com os costados na Pindorama de nossos indígenas.

Filha de imigrante português e mãe brasileira (com ascendência tanto europeia quanto indígena e africana), trago, certamente, na formação de minha identidade, além de riquezas imensuráveis da lusitana terra de meu pai (que elegi como segunda pátria), a dívida simbólica que o colonizador adquiriu ao desrespeitar os valores do povo nativo que aqui encontrou. Impossível esquecer que o europeu, ao se nomear *dono* da terra a que chegou, dizendo tê-la descoberto, aviltou a cultura nativa, matou e enfraqueceu a maior parte das nações indígenas, além de agir de forma idêntica com os negros africanos, que transformou em escravos no Brasil. Esta, uma chaga aberta ainda hoje em nossa terra, como em todas aquelas que sofreram processo semelhante, em muitas partes do mundo.

Não terá sido por mero acaso que acabei sendo levada a elaborar grande parte do corpo deste trabalho justamente na Índia — lugar indicado como o destino almejado por nossos ancestrais europeus, na ocasião de sua chegada ao Brasil. Quiseram, a vida e a sorte, que, quase de surpresa e independente de um desejo consciente, eu me visse naquele país de cultura tão diversa da nossa, justamente na época em que o texto chegava ao ponto de alcançar sua forma própria. Lá, ao me deparar com valores aparentemente opostos àqueles com que fui criada, fui sendo impregnada por um desconfortável sentimento de estranheza. Pouco a pouco, enquanto internamente me debatia com a força dos seres míticos das narrações do livro — que eu escolhera como guias —, fui fazendo associações inevitáveis. Ao vivenciar o contraste das tradicionais culturas nativas com os hábitos europeus impostos àqueles povos, ora me encontrava no lugar do indígena brasileiro, cruelmente atacado em seu sítio natural, ora me sentia como o branco colonizador que, embora se julgasse o civilizado, aterrorizava-se, ao entrever, num reflexo esmaecido, sua própria ingenuidade e naturalidade perdidas, na vida livre dos homens e mulheres que encontrou nesta terra.

Assim, sofrendo por uns e outros, num exercício incontrolável de compaixão atemporal, obrigada a abrir mão da ilusão de convicções e opiniões precisas, fui expandindo minha capacidade de circular entre valores opostos, antagônicos às vezes, complementares outras tantas. Surgiu, daí, um novo sentimento de pátria, ampliado e reforçado, com o qual retornei ao Brasil e que me estimulou à missão de publicar este livro.

É com este sentimento, de uma nova identidade, que encerro este trabalho. Lembro, então, a pergunta que fazia, lá atrás, quando iniciei esse processo:[154] "Não será através da revivência dos mitos que poderemos integrar, sem medos ou estranhezas, as forças aparentemente opostas que nos constituem e que, portanto, não podem ser vividas como incompatíveis?"

As virtudes, ensina Edgar Morin,

[...] trazem em si mesmas a crueldade ao que lhes é exterior, antagônico ou simplesmente indiferente, mas são elas que tornam a vida possível de ser vivida e a morte não desejada; são elas que, em nível humano, mantêm o que há de mais precioso, e que é ao mesmo tempo o mais ameaçador e mortal: o amor.[155]

Pois que o amor se faça sempre em nós, como o mais belo e precioso vaso sagrado que é capaz de acolher as diferenças, transformando-as alquimicamente em novas possibilidades de vida.

Epílogo

Tudo começou com um som primordial, à beira de um mangue...

O som ensurdecedor do movimento silencioso da Terra.

Era um tremor dentro do meu corpo e o sentimento de pertencer a um gigantesco pulsar.

Eu e os caranguejos — partes do mesmo organismo —, eu e as raízes do manguezal, eu e aquele cheiro morno, eu, completamente só e irremediavelmente parte de um Todo.

A meu redor, muita gente, ninguém vê.

Depois, no bosque...

Aí a sensação de liberdade e exaltação. O conhecimento da alegria mais espontânea...

Só os pássaros, em seu voo e gritos no espaço, podiam suportar a quantidade de prazer que me invadiu.

A meu redor, os outros se espantam...

Houve uma vez mais, numa igreja.

O silêncio... Uma leitura piedosa...

A chama, que tremula, se alarga pelo meu coração... O perfume do incenso, que docemente domina o ar, me envolve...

Como se houvesse, inaudível, o som de um órgão muito possante, que, em notas graves, me trouxesse, ao mesmo tempo, aquela mesma sensação do mangue e da floresta...

Fico flutuando...

E sou estranha a esse eu, conhecedora de mim mesma,

ao retornar.

Notas

PREFÁCIO

1. Cf. Costa e Silva, Alberto da. In: *Lendas do índio brasileiro*. O autor reproduz o pensamento de Couto de Magalhães, que comparou esta história, mito ou lenda, como quer que fosse chamada, (recolhida de um tuxaua, junto da cachoeira Itaboca, no Rio Tocantins), às sagas de Hércules e de Ulisses. Ele ousa dizer que ela poderia ser formada por fragmentos desses clássicos, transformados na tradição de contação (chamada por ele de grosseira) de avós e amas de leite.

   De minha parte, embora concorde com a similitude dessas sagas, todas tratando da fuga e busca incessante do ser humano através da vida, prefiro reconhecer a genuinidade da riqueza cultural indígena brasileira e da sabedoria ancestral desse povo, que soube, com seus próprios mitos, exprimir os mesmos conteúdos presentes em toda a mitologia universal e fazê-lo de uma forma singular, impregnada dos elementos da nossa natureza, o que os torna os mais adequados para o nosso desenvolvimento emocional e psíquico, bem como a melhor tradução de nossa alma para as demais culturas.

2. Cf. Lévi-Strauss, Claude. In: *Mitológicas I*, vol. *O cru e o cozido*, capítulo "Abertura": "A análise mítica se afigura, assim, semelhante a uma tarefa de Penélope. Cada progresso traz uma nova esperança, atrelada à solução de uma nova dificuldade. O dossiê nunca está concluído."

   E, mais adiante, no mesmo texto: "Não existe um verdadeiro término na análise mítica, nenhuma unidade secreta que se possa atingir ao final do trabalho de decomposição. Os temas se desdobram ao infinito."

E ainda, seguindo adiante: "Nem um pouco preocupado em partir ou chegar de modo definitivo, o pensamento mítico não efetua percursos completos: sempre lhe resta algo a perfazer. Como os ritos, os mitos são intermináveis."

Por fim, fazendo minhas as suas palavras, por total comunhão de sentimentos, arrisco-me a usá-las em comparação com meu trabalho: "Supondo-se que [este livro] possua uma unidade, esta só aparecerá por trás e para além do texto. Na melhor das hipóteses, será estabelecida no espírito do leitor."

3. Clastres, Pierre. In: *A fala sagrada: mitos e cantos sagrados dos índios guarani.*

INTRODUÇÃO

4. O significado do termo memória, usado aqui, baseia-se na conceituação da filósofa Camila Prado de Oliveira, quando diz que "Memória não é simples lembrança, pelo menos não no sentido como qual estamos habituados. Memória é desvelamento, mesmo descobrimento. Desvelamos ou descobrimos, não só o passado, mas também o futuro e, com mais dificuldade, o presente." E, acrescentando um alerta ao pensamento de Platão "Só se aprende aquilo que já se sabe", completa: "Entretanto, é preciso lembrar, refazer, recriar, conascer, conhecer."

5. Cf. Eliade, Mircea. In: *Mito e realidade.*

6. Como Omphalós, o eixo do mundo que liga o céu e a terra, símbolo da Grande Deusa.

7. Cf. Homet, Marcel. In: *Op. Cit.* No capítulo 2 do livro, Homet nos oferece testemunho de inscrições encontradas na gruta de Formosa,

no estado de Goiás, e em Lagoa Santa, identificadas como sendo do período de 10.000 a 12.000 a.C.

8. Cf. Cruls, Gastão. In: *Hileia amazônica*. Lembra a afirmação de Lineu (médico naturalista sueco que, no século XVIII, fez inestimáveis explorações em botânica) de que o homem nasceu entre palmeiras, arriscando a hipótese de que a nossas civilizações indígenas primordiais bem poderiam ter sido o berço da humanidade, já que mais da metade das milhares de espécies de palmeiras conhecidas no mundo inteiro é originária da Amazônia.

Coincidindo com essa ideia, a região do rio Negro — margens dos rios Uapés e Papuri — é tida pelos índios Iauretê como relacionada à criação da humanidade. Ver no glossário o significado de Aiari.

CAPÍTULO I

9. Cf. Freud, Sigmund. In: *Recordar, repetir, elaborar (Obras completas, vol. XII)*. O termo *playground* é usado nesse livro de 1914. Ali Freud utiliza a expressão para tratar do espaço transferencial (na relação paciente/ terapeuta), onde a repetição do sintoma serve como forma de recordação que possibilita a elaboração de determinado conteúdo. Em 1971, em "O brincar e a realidade", Donald Winnicott localizou o conceito de *playground* em época mais remota do desenvolvimento humano, como sendo o espaço potencial entre a mãe e o bebê, que dá origem ao "brincar", fruição da liberdade de criação.

10. Os dolmens são considerados símbolos do feminino, enquanto os menires, que são considerados símbolos masculinos.

11. Cf. Estés, Clarissa Pinkola. In: *Mulheres que correm com os lobos*.

12. Cf. Magalhães, José Vieira Couto de. In: *O selvagem.*

13. Cf. Baldus, Hedler. In: *Lendas dos índios do Brasil.*

14. Pode-se fazer aqui uma aproximação com o mito grego de Deméter, tão valorizado pela psicologia analítica. Infelizmente até a ocasião em que este livro foi escrito não tinha notícias de que os junguianos, mesmo no Brasil, já tivessem feito registro do mito de Ceiuci.

15. Cf. Estés, Clarissa Pinkola. In: *Op. Cit.* Termo usado pela autora para definir o aspecto do feminino que, tendo sido violentamente privado de liberdade, ao ver-se solto, transforma-se em compulsivo e destrutivo.

16. É importante esclarecer que este termo, na linguagem vulgar, não corresponde integralmente ao mito de Kokyang Wuhti, a mulher-aranha dos hopis, povos dos *pueblos* do Arizona. A esta deusa, parceira do deus-sol na criação do mundo, são atribuídos poderes divinos e sabedoria ilimitada. Diz-se que é velha como o tempo e jovem como a eternidade. Talvez a correspondência, nesse caso, seja limitada aos aspectos negativos de Kokyang Wuhti, que a fazem ser vista também como bruxa, capaz de perseguir e aprisionar.

17. Cf. Machado, Ana Maria. In: *O tao da teia: sobre textos e têxteis.*

18. Cf. Neumann, Erich. In: *A Grande Mãe.*

19. Faz lembrar Ossaim, o orixá africano, que tem o pilão como um de seus símbolos e que exerce a cura, por meio das folhas. Uma das versões de sua história conta que ele, menino ainda, vivia na mata e descobriu, assim, o poder das ervas e das folhas. Diz o mito que, certo dia, Ossaim decidiu correr o mundo e ressalta que ele aprendeu os segredos das folhas com Aroni, um tipo de gnomo de uma perna só, e com os pássaros, alguns dos que serviam de disfarce para temíveis feiticeiras.

20. Cf. Martius *apud* Von Lhering in *Dicionário dos animais do Brasil*: "Esses índios selecionam seus guerreiros submetendo-os às picadas das tocandiras. A primeira prova realizava-se quando as crianças tinham entre oito e nove anos; algumas tocandiras eram colocadas em uma espécie de luva ou manga (feitas de ripas de jacitara, um tipo de palmeira), e nela os rapazes enfiavam o braço, e, para que as formigas não fugissem, a manga era atada nas duas extremidades. Durante esse martírio os demais índios dançavam em redor para encorajar a vítima, e só quando esta, extenuada pela dor, caía desfalecida retiravam as tocandiras, e o braço intumescido era pensado com suco de mandioca. Apenas o paciente recobrava as forças, entregavam-lhe o arco que deveria distender. Essa sombria cerimônia era habitualmente repetida até os 14 anos, e só quando os candidatos à emancipação resistiam à dor poderiam se casar."

21. Numa versão do mito de Jurupari, Ualri é o nome do velho índio impotente, que contou o segredo dos homens às mulheres. Em outra versão ele é o nome da flauta de Jurupari que tem o tamanho do próprio legislador e cujo significado é tamanduá. De uma ou outra forma, a relação com as formigas é confirmada.

22. Cf. Lévi-Strauss *apud* Clement e Kristeva in *O feminino e o sagrado*.

23. Freud, utilizando-se do termo que os gregos usavam para designar o amor e o deus do amor, ligou-o ao conjunto das pulsões de vida, em oposição às pulsões de morte.

24. Cf. Cruls, Gastão. In: *Op. Cit.*

25. Cf. Cascudo, Luís da Câmara. In: *Lendas brasileiras — 21 histórias criadas pela imaginação de nosso povo.*

26. Cf. Lessa, Barbosa. In: *Rodeio dos ventos.*

27. Reflexão desenvolvida a partir de uma observação de Maria de Fátima Machado, participante de uma oficina sobre esse mito, coordenada pela autora deste livro.

28. Cf. Gondar, Jô. In: *Os tempos de Freud*.

29. Cf. Homet, Marcel. In: *Nas trilhas dos deuses solares*.

30. Cf. Clement, Catherine e Kristeva, Julia. In: *O feminino e o sagrado*.

31. Cf. Éstes, Clarissa Pinkola. In: *Op. Cit.*

32. No título original "Hansel e Gretel", trata-se do conto de fadas de tradição oral, coletado pelos Irmãos Grimm.

33. História contada pela professora Maria Dolores Coni Campos, uma estimuladora de Rodas de Leitura e de Conversa.

34. Vale saber mais sobre Acauã: "Acauã (também chamado uacauã, macauoã ou macaguá)) é uma ave de rapina, belo gavião, que corre em todo o interior do Brasil e na Amazônia. Nas noites de luar ele grita até altas horas, seu grito forte: 'Ma-ca-u-ã!' É tido como ave agoureira, cujo canto, parecido com uma gargalhada estrepitosa, pressagia desgraça. As cobras venenosas constituem seu alimento de predileção, com que sustenta os filhos, pendurando-lhes as peles, como troféus, nas árvores em que habita."

35. O tuiuiú, também chamado passarão, tem mais de 80 centímetros de altura, cabeça nua, bem como uma parte do pescoço; bico largo na base, comprido, curvado para baixo e cilíndrico na ponta, plumagem branca de penas grandes nas asas e pretas na cauda. Sabe-se que é de índole pacífica e de boa convivência com as outras aves.

36. Conto recolhido pelos Irmãos Grimm e transcrito por Clarissa Pinkola Éstes em *Mulheres que correm com os lobos*.

37. O arquétipo da velha sábia fala do potencial de sabedoria que existe dentro de todos nós, como um oráculo.

38. Ao natural em sucos, desidratada em farinha, cozida, frita ou assada, em bolos, cremes, crepes (tapioca), a raiz da mandioca do tipo conhecido como macaxeira, tem valor nutritivo superior ao trigo. Suas folhas tratadas e beneficiadas são também matéria-prima para pratos saborosíssimos — como a maniçoba (a "feijoada" dos paraenses), por exemplo. Em pó, são complemento alimentar poderoso contra anemia e desnutrição.

Existe também um tipo de mandioca brava, que não pode ser ingerida crua, dependendo de ser processada, para ser transformada em farinha.

39. O termo *holding* foi usado por Winnicott para dar ideia da importância de todas as particularidades dos cuidados maternos, antes e depois do nascimento, compondo a ambiência de sustentação psíquica e física do bebê. O registro dessa experiência segue sendo importante por toda a vida. O termo passou a ser usado também como a sustentação que é dada pela ambiência psicoterapêutica.

40. Referente ao processo transferencial como possibilitador da revivência (repetição) dos fatos passados (recordação) com a possibilidade de transformação (elaboração).

41. Para Winnicott, mutualidade, reciprocidade e experiência compartilhada são características desejáveis nas vivências modelares da boa relação mãe/bebê e da relação terapêutica.

42. Referência ao conteúdo do tradicional conto infantil "O Chapeuzinho Vermelho", recolhido por Charles Perrault.

43. Referência ao conteúdo do conto infantil, do folclore internacional, "História da Dona Baratinha".

44. Referência ao conteúdo do conto popular "A menina dos fósforos", recolhido pelos Irmãos Grimm.

45. Ouvi tal reflexão de minha filha, Camila, quando ela era estagiária do curso de magistério em uma escola do Rio de Janeiro, em 1995. Camila percebeu que a maioria das crianças (de uma faixa entre 8 e 9 anos) tinha muita dificuldade em prestar atenção à fala de um convidado que viera conversar com elas sobre determinado assunto com que haviam escolhido trabalhar. O comportamento dos alunos, aparentemente desinteressado e até irreverente, apenas reproduzia a atitude que costumam ter, comumente, frente a um locutor, visto na televisão.

CAPÍTULO II

46. Nas compilações sobre o mito de Jurupari feitas pelo conde italiano Ermano Stradelli, em *Due legende amazzoniche*, e por Câmara Cascudo, em *Geografia dos mitos brasileiros*, encontramos uma rica lista de termos. Todos designam animais: *Ualri* (do tamanho de Jurupari. É um tamanduá), *Yasmecerené* (do tamanho da perna de Jurupari. É um jaguar), *Bêdêbo* (do tamanho do peito de Jurupari. É uma lontra), *Tintabri* (do tamanho do braço de Jurupari. É Urupigio [em uaupés], uma ave), *Mocino* (do tamanho da coxa de Jurupari. É um grilo), *Arandi* (do tamanho dos dois braços. É um papagaio), *Dasmae* (tem dois pés de comprimento. É tartaruga; turturilha [em aruaca]), *Piron* (da largura de três mãos de Jurupari. É águia), *Dianari* (É um pássaro negro), *Tity* (É a paca), *Ylapay* (É o jacamim,

ave que choca ovos de galinha), *Peripinacuári* (É o pássaro tem-tem), *Buê* (É a cotia), *Canaroarro* (É a saúva).

47. Malleus Maleficarum — Código Penal da Inquisição —, autorizado por bula papal de Inocêncio VIII em 1484.

48. Cf. Muraro, Rose Marie. In: Kramer, Henrich; Sprenger, James, *O martelo das feiticeiras*.

49. Cf. Andrade, Mario. In: *Macunaíma*.

50. Cf. Navarro, Regina. Em entrevista com o índio Thiniá, um jovem Folni-ô, grupo de Pernambuco, confirma minha teoria sobre o *brincar*.

51. Cf. Estés, Clarissa Pinkola. In: *Op. Cit.* A tarefa feminina de cuidar do fogo aparece em histórias de outras culturas, como no conto russo "Vasalisa".

52. Cf. Barros, Maria Nazareth Alvim de. In: *As deusas, as bruxas e a Igreja*.

53. Cf. Eliade, Mircea. In: *História das crenças e das ideias religiosas*. O autor traça outros paralelos entre esses mitos e os mitos de Mithra (nascido numa rocha) e Dionísio (nascido de Zeus e de uma mortal).

54. Nome romano do herói da mitologia grega Heraclés que, ainda bebê, dotado de extraordinária força, estrangulou, no berço, duas serpentes (ou, em algumas versões do mesmo mito, dois dragões). Como outros heróis mitológicos, retirou-se, ao crescer, para um lugar afastado, e escolheu para si mesmo um gênero de vida dura e laboriosa, recusando a sedução da volúpia e seguindo a virtude.

55. Cf. *O livro das deusas*. A manifestação do poder divino do Espírito Santo é representada por "Sophia, a deusa hebraica da sabedoria, companheira de Jehovah e a ele equiparada em poder e conhecimento. Ela é uma das maiores figuras divinas para os

gnósticos, considerada cocriadora dos anjos e arcanjos e responsável pela espiritualidade dos humanos. Apesar de presente na Bíblia como Chokmah, os dogmas do monoteísmo patriarcal ocultaram-na e levaram-na ao esquecimento".

56. Cf. Bachelard, Gaston. In: *A psicanálise do fogo*. 57

57. Cf. Bachelard, Gaston. In: *Op. Cit*.

58. Do filme *As coisas simples da vida*, de Edward Yang, vale extrair a seguinte afirmação sobre raio e vida:

"O ar quente e úmido sobe quando a Terra se aquece. Na altitude, ele se condensa em pequenas gotículas, o que cria as nuvens. As nuvens dançam silenciosamente no céu, ao ritmo da natureza. Muitas vezes não notamos sua beleza. Quando sobem mais, em silêncio se transformam em granizo e voltam para a Terra. Durante a queda, elas mudam sua carga positiva para negativa. Duas forças opostas atraem uma a outra, de forma irresistível. Num momento explosivo, as duas se unem de forma violenta. Isso cria o raio. Acredita-se que o raio tenha criado toda a vida na Terra. Há 400 milhões de anos, um raio criou o primeiro aminoácido, a origem da vida. Isso foi o início de tudo."

59. Cf. Freud, Sigmund. In: *O homem dos lobos (Obras completas, vol. XXIII)*. 60

60. Cf. Frazer, J. G. *apud* Bachelard in *Op. Cit.* Bachelard cita Frazer em seu livro *Mitos sobre a origem do fog"*.

61. Cf. Eliade, Mircea. In: *Op. Cit*.

62. Cf. Clastres, Pierre. In: *A fala sagrada: mitos e cantos sagrados dos índios Guarani*.

63. Cf. Barreto, Felicitas. In: *Réquiem para os índios*.

64. Cf. Amorim *apud* Cascudo in *Antologia do folclore brasileiro*.

65. Cf. Mindlin, Betty e Narradores indígenas. In: *Moqueca de maridos — mitos eróticos*.

66. Cf. Rabelais *apud* Clement in *Op. Cit.* 67

67. Cf. Machado, Ana Maria. In: *Op. Cit.*

68. Cf. Muraro, Rose Marie. In: Kramer, Henrich; Sprenger, James. *Op. Cit.*

69. Conceito freudiano que trata da descoberta da diferença anatômica entre os sexos: a menina sente-se lesada em relação ao menino e deseja também possuir um pênis, resultando dessa observação o complexo de castração - a fantasia de que a menina teria originalmente um pênis, que lhe foi tirado.

70. Cf. Kramer, Henrich; Sprenger, James. In: *Op. Cit.* 71

71. Cf. Clastres, Pierre. In: *Op. Cit.*

72. Uma das formas agressivas de caracterizar patologicamente certo aspecto mais intenso do desejo sexual feminino é dar-lhe a denominação de "furor uterino".

73. Cf. Muraro, Rose Marie. In: Kramer, Henrich; Sprenger, James in *Op. Cit.*

74. Cf. Cascudo, Luís da Câmara. In: *Op. Cit.*

75. A primeira festa é para que a criança (bebê ainda) se torne fecunda (se for mulher) ou valente (se for homem). A bênção é feita com caldo de mandioca misturado a leite materno.

A segunda festa divide-se em duas partes e é a iniciação dos meninos:

Na primeira fase, por volta de oito anos, as crianças jejuam durante toda uma lua, comendo apenas beiju, um bolo de massa de mandioca, tapioca.

No dia da festa, os meninos são purificados pela fumaça do pajé e levam, deste, cipoadas, acompanhadas de conselhos.

De noite, eles vêm à festa, junto com os padrinhos. Ouvem do pajé os "mandamentos" de Jurupari e voltam a apanhar, não só do pajé, mas de todos os anciãos presentes.

À meia-noite, entram os instrumentos sagrados, que são apresentados aos iniciandos, com mais chicotadas. Esse flagelo dura a noite toda.

De manhã, depois de bem guardados os instrumentos, os meninos vão se banhar e lavar o sangue da "noite inesquecível".

O significado desse ritual é o ensinamento de que a vida trará combates, que os homens devem enfrentar sem temor ou reclamação.

Na segunda fase, já na adolescência, o processo é mais duro ainda. O jejum dura duas luas, que são passadas em isolamento, num espaço especial. Os jovens não podem ver nenhuma mulher e são vigiados pelos velhos.

Na terceira lua, depois de prepararem as comidas e bebidas para a cerimônia, as mulheres são afastadas, juntamente com as crianças.

Os adolescentes, que vão completar sua iniciação, passam o dia só a líquidos, assistidos pelos pajés, que se purificam e falam sobre os assuntos de Jurupari. À noite, todos os homens recebem o adabi, uma espécie de chicote, e se postam em duas filas. Os iniciandos vão passando entre os açoites, atravessando toda a fila. Em seguida, vão tomar banho no rio e voltam pelo mesmo caminho, repetindo-se o flagelo.

Depois disso recebem seu próprio adabi e são levados a participar da dança em roda, cantando em louvor ao sol, à lua e ao setestrelo (as plêiades, a constelação em que Ceiuci foi transformada).

Em seguida, entram no centro da roda e tornam a receber açoites. Voltam, então, ao local de jejum e recebem novos ensinamentos do pajé. Ao final, antes do banquete, os tocadores vão-lhes mostrar os instrumentos e bater-lhes uma vez mais, como confirmação desse segredo a respeito dos instrumentos.

A terceira festa é a festa das moças — acontece com a chegada da primeira menstruação.

Depois de um jejum completo, bebendo apenas água purificada pelo pajé, a moça, depurada por fumaças aromáticas, é levada pelas anciãs, até o rio, para se banhar. Voltando ao lugar do retiro, ali fica até o final do período daquela lua, com alimentação especial, em pouca quantidade.

No princípio da lua seguinte, recebe a visita dos anciãos. O pajé canta para que o espírito da moça se eleve até o alto das mais altas montanhas. Naquela tarde, a moça passa por uma roda, onde é defumada e erguida no ar, de costas para cima, por dois rapazes, que a seguram pelos pés e pelos braços.

O pajé passa rodeando a mocinha e dá-lhe duas chibatadas iniciais, que são seguidas de muitas outras, dadas por todos os presentes ao ritual. Depois ela é descida e seu cabelo é cortado. Aí, um alarido festeja o fato de ela ser considerada, a partir daquele momento, digna de se casar.

Volta, então, ao espaço onde esteve recolhida e de lá ao rio, onde recebe novas fumigações das velhas. Só na volta, findo esse processo, participa do banquete.

76. Cf. Lucas. In: Bíblia Sagrada/Novo Testamento. Cap. 10, v. 38 e 42.

77. Cf. João. In: Bíblia Sagrada/Novo Testamento. Cap. 2, v. 1-12.

78. Cf. João. In: Bíblia Sagrada/Novo Testamento. Cap. 6, v. 1-15.

79. Cf. Byington, Carlos. In: *O martelo das feiticeiras/Prefácio,* referindo-se aos evangelhos de Tomé, de Filipe e de Maria, desenterrados junto com outros escritos gnósticos, no Egito, em 1945.

80. Cf. João. In: Bíblia Sagrada/Novo Testamento. Cap. 20, v. 18.

81. Cf. João. In: Bíblia Sagrada/Novo Testamento. Cap. 8, v. 7.

82. Cf. Homet, Marcel. In: *Op. Cit.* "Também existem inscrições relacionadas com as civilizações do sol e do falo a cerca de 60 milhas de Conceição do Araguaia." [...]

"Do outro lado, a cerca de 300 quilômetros de Conceição do Araguaia, há uma pequena ilha perto de Santa. [...] Aí existe um enorme rochedo que mergulha a pique na corrente. É nesse rochedo, muito famoso, que se podem distinguir desenhos de corças [...] bem como ainda o símbolo da mão, que tem sido associado aos centros culturais descobertos na França. [...] E finalmente, é claro, também há o sol das quatro estações, aquele que é dividido por dois diâmetros iguais. [...]"

"E isso não é tudo. No rio Tocantins, aproximadamente 240 milhas ao sudoeste de Conceição, podemos encontrar hieróglifos representando o falo, diversos motivos iguais aos da gruta de Lascaux..."

83. Cf. Bachelard, Gaston. In: *Op. Cit.*

84. Cf. Byington, Carlos. In: Kramer, Henrich; Sprenger, James, *Op. Cit.*

85. Isso faz lembrar a cena encantadora do filme *Tomates verdes fritos,* do diretor Jon Avnet, quando as mulheres são convidadas a observar e investigar as próprias vaginas, para se conhecerem melhor e, consequentemente, serem capazes de se assenhorear de seu desejo e de seu prazer sexual.

86. Cf. Carvalho, Silvia Maria S. In: *Jurupari: estudos da mitologia brasileira.*

87. Cf. Mello, Thiago de. In: *Amazonas.*

88. Cf. Campbell, Joseph. In: *Isto é tu.* Para o autor, a data de 25 de dezembro foi estabelecida para o nascimento de Cristo por ser a época do solstício de inverno no Hemisfério Norte. Da mesma forma que o mito de Mitra fala de seu nascimento em uma gruta, pelo mesmo motivo "este símbolo está associado particularmente ao solstício de inverno, quando o sol alcança o ponto mais extremo da declinação terrestre e a luz se acha no nadir do abismo". "Mitra foi o principal concorrente do cristianismo durante os três primeiros séculos da era cristã."

Para a nossa mitologia, talvez, a data de 25 de dezembro aludida no mito das amazonas corresponderia também ao solstício, só que ao de verão. De toda forma, o sol, aparecendo e se escondendo na Terra, gerando ciclicamente, qual vida e morte, faz surgir, desaparecer e ressurgir nos seres humanos sentimentos grandiosos de força e dependência, poder, medo, competição e solidariedade.

89. Cf. Villas Boas, Cláudio e Orlando. In: *Xingu: os índios, seus mitos.*

90. Cf. Nery, Santa-Anna. In: *Folclore brasileiro.* Referindo-se a seu trabalho "Le Pays des Amazones", o autor diz que foi a lenda grega

de Heródoto que serviu a Orellana, a Raleigh e ao padre Acuña para edificar a lenda das amazonas, que La Condamine propagou em toda a Europa no século XVIII.

91. Cf. *Revista de Atualidade Indígena*.

92. Cf. Acuña, Cristobal. In: "Na pista das Amazonas".

93. O resultado da pesquisa foi publicado postumamente em 1885, na revista do Instituto Histórico e Geográfico — tomo XVIII.

94. Campbell, Joseph. In: *Mito e transformação*.

95. Cf. Clement, Catherine e Kristeva, Julia. In: *Op. Cit.* 96

96. Cf. Ibdem. In: *Op. Cit.*

97. Cf. Muggiati, Roberto. In: *Rock, o grito e o mito*.

98. Como exemplo desse último tipo, ver Martoccia, María e Gutiérrez, Javiera. In: *Corpos frágeis mulheres poderosas*.

99. Cf. Andersen, Hans Christian. In: *Contos de Andersen*.

CAPÍTULO III

100. Cf. Mindlin, Betty. In: *Moqueca de maridos*. Segundo a autora, um relato da nação Macurap conta de uma personagem mítica que representa a cabeça voadora (que também aparece, em outros mitos, como cabeça rolante). Penso que cabeça rolante, cabeça voadora ou como quer que seja chamada Akarandek, a esposa voraz (segundo Betty Mindlin), tanto representa a fome de carne de Pai, de "O comedor de cobras", quanto a esposa de "A cabeça voadora".

101. Segundo a *Enciclopédia universal da fábula*, este mito, de origem kaxinauá, foi recolhido do grupo que vivia perto do rio Iboaçu, afluente do Muru, no estado do Acre.

102. Criada e dirigida por mim, a Escola Viva existiu em Petrópolis — RJ, nos anos de 1974 a 1989.

103. Ver especificação, de acordo com a relação do mito, no Glossário. 104

104. Cf. Barros, Maria Nazareth Alvim de. In: *As deusas, as bruxas e a Igreja*.

105. Cf. Magalhães, Couto de. In: *Op. Cit.*

106. Cf. Estés, Clarissa Pinkola. In: *Op. Cit.*

107. Cf. Horta, Mônica. In: "Mulheres que entregam seu Sol".

108. Campbell, Joseph. In: *Mito e transformação.*

109. Cf. Mann, Thomas. In: *A montanha mágica.*

110. Cf. Mann, Thomas. In: *Op. Cit.*

111. Cf. Freud, Sigmund. In: *O mal-estar na civilização (Obras completas, vol. XXI).*

112. Cf. Estés, Clarissa Pinkola. In: *Mulheres que correm com os lobos.*

113. Cf. Mindlin, Betty. In: *Moqueca de maridos.* Neste livro, a autora reconta o mito Macurape (oriundo da área indígena de Rio Branco, Rondônia, junto à fronteira com a Bolívia) "A cabeça voadora, Akarandek, A esposa voraz".

114. Cf. Clement, Catherine e Kristeva, Julia. In: *Op. Cit.*

115. Cf. Colasanti, Marina. In: *Um espinho de marfim e outras histórias.*

116. O unicórnio é uma figura que aparece tanto na mitologia grega e romana quanto na Bíblia, sendo citado nos salmos 22:21-29:6 e 92:10. É associado à pureza e à força, símbolo da esperança, majestade, poder e honestidade, tudo de bom que há no ser humano.

Na internet, o site Wikipédia nos traz um trecho, atribuído a Leonardo da Vinci, que diz: "O unicórnio, através de sua intemperança e incapacidade de se dominar, e devido ao deleite que as donzelas lhe proporcionam, esquece a sua ferocidade e selvageria.

Ele põe de parte a desconfiança, aproxima-se da donzela sentada e adormece no seu regaço. Assim os caçadores conseguem caçá-lo."

E ainda no mesmo site:

"É citado no livro grego *Physiologus* do séc. V d.C, como uma correspondência do milagre da Encarnação. Centro de calorosos debates, ao longo do tempo, o milagre da Encarnação de Deus em Maria passou a ser entendido como o dogma da virgindade da mãe de Cristo: nessa operação teológica, o unicórnio tornou-se um dos atributos recorrentes da Virgem."

117. Cf. Carter, Angela. In: *O quarto do Barba-Azul*.

CAPÍTULO IV

118. Trecho da música "Cio da Terra", de Chico Buarque e Milton Nascimento.

119. Cf. Mindlim, Betty. In: *Op. Cit.* Mito Tupari transcrito pela autora.

120. Cf. Ibdem. In: *Op. Cit.*

121. Cf. Joseph, Campbell (et. al). In: *Todos os nomes da Deusa*. Um conhecimento poderoso, que já existia na Creta minoica, é para onde apontam os estudos arqueológicos de Riane Eisler, no artigo "A deusa da natureza e da espiritualidade"...

"Um poder realizador, como a capacidade de criar e nutrir a vida. Poder de, em vez de poder sobre: o poder de iluminar e transformar a consciência humana (e, com ela, a realidade) que, na nossa época, ainda é simbolizado pelo 'recipiente feminino', o Cálice ou o Santo Graal."

122. Fórmula expressada pela ceramista Dagmar Muniz de Oliveira, de Belmonte (BA). Dagmar produz gigantescos vasos de barro,

manualmente, dentro do princípio de resgate das culturas indígenas Tupi-guarani e Aratu.

123. História surgida entre os Uanana que pertencem à família linguística Tucano.

124. Heroína dos contos das *Mil e uma noites* que usou a arte de contar histórias para encantar o marido e garantir, com esse recurso, sua salvação do destino de ser assassinada.

125. "Cf. Nery, Santa-Anna. In: *Folclore brasileiro.* "A Iara que mora num palácio no fundo dos rios é uma tradição dos brancos, que vicejou rapidamente no cenário bárbaro do Brasil colonial." O barão de Santa-Anna Nery, falando das Iaras, descreve "uma mulher branca, de olhos verdes e cabeleira loura, em ambas as versões do Pará e Amazonas. As crenças locais de forma alguma possuíam essa variante. Demais, é preciso notar que a beleza física da Iara, seus métodos de sedução, a forma de sua residência submersa denunciam um elemento alienígena que conduziu o mito e o espalhou sob as águas do setentrião brasileiro".

126. Espécie de golfinho ou delfim, que vive tanto no mar quanto nos rios brasileiros, cuja imagem é atribuída a um ser mitológico, que seduz as moças e as engravida.

127. Serpente gigantesca que, segundo o mito, habita as regiões mais profundas dos rios amazônicos.

128. Cf. Lévi-Strauss, Claude. In: *A oleira ciumenta.*

129. Cf. Gênesis. Cap. 9, v. 13.

130. Dirigido por Richard Eyre.

131. Dirigido por John Madden.

132. No filme *O feitiço de Áquila*, dirigido por Richard Donner, amantes apaixonados são condenados, por uma maldição invejosa, ao eterno

desencontro. A aurora transforma a mulher em falcão, e o anoitecer transforma o homem em lobo. De dia, portanto, ele caminha como homem levando-a na mão, transformada na ave guardiã. À noite, ele é a fera que acompanha a mulher e a protege. Eles mal podem entrever suas tênues silhuetas humanas, num instante fugaz, a cada amanhecer e a cada anoitecer. Nesse exato momento, acontecem as metamorfoses, sem que eles consigam se tocar, como humanos, por um segundo sequer.

O encanto só se quebra no apogeu de um eclipse total, que anula o poder que seu inimigo tem sobre eles. Podem, enfim, se tornar o casal que almejam ser, libertos, para sempre, daquele feitiço terrível.

133. Cf. Lévi-Strauss, Claude. In: *A oleira ciumenta*.

134. Cf. Lévi-Strauss, Claude. In: *Op. Cit.*

135. Recontado por Pereira Nunes. In: *Moronguêtá – um Decameron indígena*.

136. Rio que fica no estado de Roraima, no Brasil, quase fronteira com a Guiana.

137. Cf. Clement, Catherine e Kristeva, Julia. In: *Op. Cit.*

138. Debates civis - ciclo de debates promovidos pelo *Jornal do Brasil* e o Círculo Psicanalítico do Rio de Janeiro em 1996, no Rio de Janeiro.

139. Biólogo contemporâneo, elaborador da teoria de Santiago, que estabelece os conceitos de biologia do conhecimento e biologia do amor.

140. Cf. Clement, Catherine e Kristeva, Julia. In: *Op. Cit.*

141. Cf. Gen. 9, 20.

142. Cf. Singer, June. In: *Androginia: rumo a uma nova teoria da sexualidade*.

143. Cf. Freire Costa, Jurandir. In: "Terror e miséria do sexo-rei".

144. Psicanalista junguiana, letã de origem (1908/1988), viveu no Chile, onde desenvolveu seu trabalho terapêutico.

145. Cf. Hoffman, Lola. In: "O fim do patriarcado".

146. Cf. Prado de Oliveira, Camila do Espírito Santo. In: "Da Justiça Prometida".

147. Cf. Hesíodo. In: "O Trabalho e os Dias".

CONSIDERAÇÕES FINAIS

148. Cf. Saramago, José. In: *O conto da ilha desconhecida.*

149. Cf. Espírito Santo, Maria Inez e Garcia, Maritza. In: "No barco da alma: uma travessia mítica".

150. Cf. Freud, Sigmund. In: *Obras completas, vol. XXI.*

151. Cf. Espírito Santo, Maria Inez e Garcia, Maritza. In: *Op. Cit.*

152. Cf. Morin, Edgar. In: *Meus demônios.*

153. Cf. Espírito Santo, Maria Inez e Garcia, Maritza. In: *Op. Cit.*

154. Cf. Espírito Santo, Maria Inez e Garcia, Maritza. In: *Op. Cit.*

155. Cf. Morin, Edgar. In: *Op. Cit.*

Glossário de termos indígenas

Aiari; **Ayali, Ayari** — 1. Rio Aiari, afluente do rio Negro, estado do Amazonas, fronteira com a Colômbia, onde, segundo o mito "História da criação do mundo e da humanidade pelo deus Trovão", está Uapui-Cachoeira, o centro do mundo; lugar do início da criação do mundo, segundo os Tariana. 2. Palmeira, também chamada tucum.

Aturá — Cesto em forma de paneiro, tecido de talas de guarumã.

Beiju — Bolo de massa de mandioca ou de tapioca.

Borduna — Bordão, cacete indígena.

Caraíba — Pertencente ao grupo indígena caraíba; uma família linguística de que faziam parte tribos tanto do Brasil como das pequenas Antilhas, das Guianas e da América Central.

Caxiri — Bebida produzida pela fermentação da mandioca.

Cucura; **purumã ou mapati** — Fruto da árvore morácea, é adocicado e suculento; nasce em cachos, tem um único caroço, coberto por pele dura e com pelos.

Cujubim **ou cujubi** — Ave galiforme, de penas pretas com intenso brilho esverdeado-escuro. Tem a crista e uma mancha na garganta brancas.

Cunhantã — Menina, moça.

Curumim — Menino.

Embiara — Presa; aquilo que se apanha na pesca ou na caça.

Gavião-pega-macaco **ou apacanim** — Ave de rapina, águia preta, listrada de cinza, de pequeno penacho bruno. É chamado "guia das almas".

Horí-Horí — Instrumento musical, uma espécie de zunidor.

Íncubo — Demônio masculino que, segundo a crença popular, vem à noite copular com uma mulher.

Jacu — Ave arborícola que vive em bando, é selvática e sabe se esconder muito bem na mata. Quando assustada pelo caçador, grita muito e o bando se dispersa, confundindo o homem. O casal se alterna para chocar os ovos.

Maçabi — Espécie de palmeira.

Macuari — Ave ciconídea, parecida com um juburu ou com a cegonha.

Mãe-d'água; **cobra-grande, boiuna, mboyasu** — Monstro aquático devorador, que mora no fundo dos rios.

Maracá — Chocalho que os índios usam nas solenidades religiosas e guerreiras.

Matapi, **mapati, covo** — armadilha oblonga feita de jacitara e com abertura na base. A abertura, em forma de funil, é voltada para dentro. O que entra não pode sair.

Membi — Flauta feita dos ossos da tíbia de *anima*is.

Moquém — Grelha de varas para assar ou defumar a carne e o peixe. É formada de um tablado de madeira apoiado sobre três ou quatro pés, debaixo do qual é atiçado fogo. Mantido a uma distância conveniente, o alimento se desidrata lentamente, podendo ser conservado por longo tempo.

Muçu ou **muçum** — "Enguia" de água doce. Resiste mesmo à seca, enterrando-se e cavando canais e sobrevive na terra seca. Desenterrada, parece morta, mas se re*anima*, podendo viver longo tempo sem alimentação.

Muçurana — Cobra semelhante ao muçu, de quem o nome é derivado. Inofensiva ao homem, come outras cobras, inclusive a jararaca, mesmo quando essa é maior que ela. É imune ao veneno de outras cobras.

Mutum — Ave arborícola que vive em bando, chefiado por um único macho. É a maior, e considerada a mais bonita ave da floresta.

Pacará — Cesta redonda, de várias cores, tecida de palha de palmeira.

Paiauaru — Bebida fermentada feita de beiju queimado.

Piraíba — Um dos maiores peixes existentes no Amazonas, também chamado Piratinga. Seu nome mais popular é Filhote, porque, exatamente por suas enormes proporções, é consumido enquanto ainda é bem novo.

Porco (**do mato), porquinho ou caititu** — Dois tipos: yawa tama — menor, vive em bando grande; yawa hunu — maior, anda sozinho ou em casal. Não costuma andar à noite. Descansa na hora do sol alto.

Pucã, **cucura do mato ou porumã** — Espécie rara das moráceas, cujos frutos são arroxeados, doces, de polpa branca e presos em cachos. É também conhecida como imbaúba-de-vinho, porque seus frutos, fermentados, produzem uma bebida da espécie do vinho.

Puçanga — Medicação mágica receitada pelos pajés para doenças e malefícios.

Poraquê **ou puraquê** — Espécie de enguia que possui órgãos elétricos, cuja descarga chega a atingir de 300 a 1.500 volts. Dizem que ele guarda os tesouros da Iara, preciosidades escondidas no fundo do rio Amazonas.

Queixada; **Yawa kuin** — Vivem em bando. Sua carne tem cheiro forte, mas não tem reima. Existem dois tipos: *yawa kuxi* — da mão preta; *yawa pakã* — da mão branca — maiores e mais gordas.

Quibungo — Um ente, meio bicho, meio homem, que tem cabeça muito grande e um buraco nas costas, que se abre quando ele abaixa a cabeça. Popularmente diz-se que ele come crianças, jogando-as dentro desse buraco. Por isso, certamente, sua associação à crença do bicho-papão e do homem do saco.

Quiriri — Silencioso, deserto, ermo, a calada da noite.

Tarrafa — Pequena rede de pesca, circular, que é atirada aberta na água e, através de uma corda, puxada pelo pescador, retirada fechada, prendendo a pesca.

Tupã — Para os indígenas, Tupã era Tupana, o trovão, o raio, e não um deus como os religiosos europeus interpretaram.

Tuxaua — Chefe dos Anambé, grupo que pertence à família Tupi.

Bibliografia

ABRAM, Jan. *A linguagem de Winnicott*. Rio de Janeiro: Revinter, 2000.

ANDERSEN, Hans Christian. *Contos de Andersen*. São Paulo: Paz e Terra, 2002.

ANDRADE, Mário de. *Macunaíma, o herói sem caráter*. São Paulo: Livraria Martins, 1974.

BACHELARD, Gaston. *A psicanálise do fogo*. São Paulo: Martins Fontes, 1999.

BAILEY, Alice A. *Os trabalhos de Hércules*. Niterói: Association Lucis Trust/Fundação Cultural Avatar, 2003.

BARBOSA, Manoel et. al. *Upíreri Kalísi: histórias de antigamente*. São Gabriel da Cachoeira: Unirva/Foirn, 2000.

BARRETO, Felicitas. *Réquiem para os índios*. São Paulo: Ground/Global, 1979.

BARROS, Maria Nazareth Alvim de. *As deusas, as bruxas e a Igreja: séculos de perseguição*. Rio de Janeiro: Rosa dos Tempos, 2001.

BARSA/Encyclopaedia Britannica Publishers Inc., 1977.

BÍBLIA SAGRADA. Tradução de Pe. Antônio Pereira Figueiredo. Rio de Janeiro: Edição Ecumênica.

BRUNEL, Pierre (org.). *Dicionário de mitos literários*. Rio de Janeiro: José Olympio, 2000.

BUENO, Francisco da Silveira. *Vocabulário Tupi-Guarani/Português*. São Paulo: Brasilivros, 1982.

CAMPBELL, Joseph et. al. *Todos os nomes da Deusa*. Rio de Janeiro: Rosa dos Tempos/Record, 1997.

_____. *Isto és tu*. São Paulo: Landy, 2002.

_____. *Mito e transformação*. São Paulo: Agora, 2008.

CARTER, Angela. *O quarto do Barba-Azul*. Rio de Janeiro: Rocco, 1999.

CARVALHO, Silvia Maria Schmuzigeer de. *Jurupari: estudos de mitologia brasileira*. São Paulo: Ática,1979.

CASCUDO, Luís da Câmara. *Antologia do folclore brasileiro*. São Paulo: Livraria Martins, 1956.

_____. *Dicionário do folclore brasileiro*. São Paulo: Edusp, 1988.

_____. *Contos tradicionais do Brasil*. São Paulo: Edusp, 1986.

_____. *Geografia dos mitos brasileiros*. São Paulo: Global, 2002.

_____. *Lendas brasileiras – 21 histórias criadas pela imaginação de nosso povo*. Rio de Janeiro: Cattleya Alba, Confraria dos Bibliófilos Brasileiros, 1954.

CLASTRES, Pierre. *A fala sagrada: mitos e cantos sagrados dos índios Guarani*. Campinas: Papirus, 1990.

CLEMENT, Catherine e KRISTEVA, Julia. *O feminino e o sagrado*. Rio de Janeiro: Rocco, 2001.

COLASANTI, Marina. *Um espinho de marfim e outras histórias*. Porto Alegre: L&PM Pocket, 1999.

COMMELIN, P. *Mitologia grega e romana*. São Paulo: Martins Fontes, 1997.

COSTA E SILVA, Alberto da. *Lendas do índio brasileiro*. Rio de Janeiro: Ediouro, 2001.

CRULS, Gastão. *Hileia amazônica*. Belo Horizonte: Itatiaia,1975.

DE MASI, Domenico. *O ócio criativo*. Rio de Janeiro: Sextante, 2000.

DIAS, Gonçalves. *A lenda das Amazonas*. Salvador: Livraria Progresso, 1951.

DONATELLI, Marilda (coord.). *O livro das deusas*. São Paulo: PubliFolha, 2005.

ELIADE, Mircea. *Mito e realidade*. São Paulo: Perspectiva, 1972.

_____. *O sagrado e o profano: a essência das religiões*. Lisboa: Livros do Brasil, 1980.

_____. *História das crenças e das ideias religiosas*. Rio de Janeiro: Zahar, 1979.

ENCICLOPÉDIA UNIVERSAL DA FÁBULA. São Paulo: Editora das Américas, 1959.

ESTÉS, Clarissa Pinkola. *Mulheres que correm com os lobos*. Rio de Janeiro: Rocco, 1994.

FERREIRA, Aurelio Buarque de Holanda. *Dicionário Aurélio*. Rio de Janeiro: Nova Fronteira, 1985.

FREUD, Sigmund. *Obras completas: vols. XII, XXI e XXIII*. Rio de Janeiro: Standard Edition/Imago, 1977.

GAMBINI, Roberto. *Espelho índio: a formação da alma brasileira*. São Paulo: Axis Mundi/Terceiro Nome, 2000.

GONDAR, Jô. *Os tempos de Freud*. Rio de Janeiro: Revinter, 1995. GRUPO RODAS DA LUA. *O livro das deusas*. São Paulo: Publifolha, 2005. HEIDEGGER, Martin. *Sobre o problema do ser/A caminho do campo*. São Paulo: Livraria Duas Cidades, 1979.

HINSHELWOOD. *Dicionário do pensamento kleiniano*. Porto Alegre: Artes Médicas, 1992.

HOMET, Marcel. *Nas trilhas dos deuses solares*. Rio de Janeiro: Civilização Brasileira, 1973.

JECUPÉ, KakáWerá. *Tupã Tenondé*. São Paulo: Fundação Peirópolis, 2001.

_____. *A terra dos mil povos*. São Paulo: Fundação Peirópolis, 1998.

KRAMER, Henrich e SPRENGER, James. *Malleus Maleficarum: o martelo das feiticeiras*. Rio de Janeiro: Rosa dos Tempos, 1991.

KURY, Mario da Gama. *Dicionário de mitologia grega e romana*. Rio de Janeiro: Jorge Zahar, 1999.

LAPLANCHE, J. e PONTALIS, J. B. *Vocabulário da psicanálise*. São Paulo: Martins Fontes, 1983.

LESSA, Barbosa. *Rodeio dos ventos*. Porto Alegre: Globo, 1978.

LÉVI-STRAUSS, Claude. *A oleira ciumenta*. Lisboa: Edições 70, 1987.

_____. *O cru e o cozido: mitológicas I*. São Paulo: Cosac Naify, 2004.

MACHADO, Ana Maria. *O tao da teia: sobre texto e têxteis*. São Paulo: Instituto de Estudos Avançados da USP, 2003.

MAGALHÃES, Couto de. *O selvagem*. São Paulo: Edusp, 1975.

MANN, Thomas. *A montanha mágica*. São Paulo: Nova Fronteira, 1980.

MARTOCCIA, María e GUTIÉRREZ, Javiera. *Corpos frágeis mulheres poderosas*. Rio de Janeiro: Ediouro, 2003.

MATURANA, Humberto R. e VERDEN-ZOLLER, Gerda. *Amar e brincar: Fundamentos esquecidos do humano*. São Paulo: Palas Athena, 2005.

MELLO, Anísio (sel.). *Antologia ilustrada do folclore brasileiro: estórias e lendas da Amazônia*. São Paulo: Livraria Literart, 1962.

MELLO, Thiago de. *Amazonas: águas, pássaros, seres e milagres*. Rio de Janeiro: Salamandra, 1998.

MINDLIN, Betty e NARRADORES INDÍGENAS. *Terra grávida*. Rio de Janeiro: Rosa dos Tempos, 1999.

_____. *Moqueca de maridos: mitos eróticos*. Rio de Janeiro: Rosa dos Tempos, 1997.

MORIN, Edgar. *Meus demônios*. Rio de Janeiro: Bertrand Brasil, 1997.

MUGGIATI, Roberto. *Rock, o grito e o mito*. Petrópolis: Vozes, 1973.

MURARO, Rose Marie e BOFF, Leonardo. *Feminino e masculino: uma nova consciência para o encontro das diferenças*. Rio de Janeiro: Sextante, 2002.

NERY, F. J. de Santa-Anna. *Folclore brasileiro*. Recife: Massangana, 1992.

NEUMANN, Erich. *A grande mãe*. São Paulo: Cultrix, 2001.

_____. *História da origem da consciência*. São Paulo: Cultrix, 1968.

NICHOLSON, Shirley (org.). *O novo despertar da deusa: o princípio feminino hoje*. Rio de Janeiro: Rocco, 1993.

NINA, A. Della (coord.). *Enciclopédia universal da fábula, vols. XXXI e XXXII*. São Paulo: Editora das Américas, 1959.

NUNES, Pereira. *Moronguêtá – um decameron indígena*. São Paulo: Civilização Brasileira, 1967.

PERRAULT, Charles. *Contos de Perrault*. Belo Horizonte: Itatiaia, 1985.

PESSOA, Fernando. *Ficções do interlúdio*. São Paulo: Companhia das Letras, 1998.

RAMOS, Arthur. *Estudos de folklore*. Rio de Janeiro: Casa da Estudante do Brasil, 1951.

RIBEIRO, Berta G. *Dicionário do artesanato indígena*. São Paulo: Edusp, 1988.

RIBEIRO, Darcy. *Maíra*. Rio de Janeiro: Civilização Brasileira, 1978.

ROMERO, Silvio. *Contos populares do Brasil*. Rio de Janeiro: José Olympio, 1954.

SANT'ANNA, Denise Bernuzzi de. *Corpos de passagem*. São Paulo: Estação Liberdade, 2001.

SARAMAGO, José. *O conto da ilha desconhecida*. São Paulo: Companhia das Letras, 1998.

SINGER, June. *Androginia: rumo a uma nova teoria da sexualidade*. São Paulo: Cultrix, 1991.

SOUZA, José Cavalcante de (org.). *Coleção Os Pensadores: os pré-socráticos*. São Paulo: Abril Cultural, 1972.

STRADELLI, Ermano. *Lendas e notas de viagem*. São Paulo: Martins Editora, 2009.

VILLAS BOAS, Claudio e Orlando. *Xingu: os índios, seus mitos*. Porto Alegre: Kuarup, 1990.

VON LHERING, Rodolpho. *Dicionário dos animais do Brasil*. Rio de Janeiro: Bertrand Brasil/Difel, 2002.

WINNICOTT, D. W. *O brincar e a realidade*. Rio de Janeiro: Imago, 1975.

Artigos, Monografias, Textos

ACUÑA, Cristóbal. "Na pista das Amazonas". Paris: *O Correio*, ano 15, n-.º 6 — Unesco.

COSTA, Jurandir Freire. "Terror e miséria do sexo-rei". *Jornal do Brasil/Coluna Recado*. Rio de Janeiro, 21/10/1995.

DIAS, Gonçalves. "As amazonas". Revista *Instituto Histórico-Geográfico Brasileiro*, tomo XVIII. 3.ª série, n.º17, Rio de Janeiro, 1855.

ESPÍRITO SANTO, Maria Inez do e GARCIA, Maritza. *No barco da alma, uma travessia mítica*. Friburgo: VII Simpósio de Psicologia Analítica da Associação Junguiana do Brasil, 1999.

_____. *Das tormentas à boa esperança: uma travessia mítica*. Nova York: IX Simpósio da Federação Internacional de Psicanálise, 2000.

HERRERA, Olga Elizabeth — *consulta especial sobre alguns termos do glossário*. Curitiba: Depto. de Línguas Estrangeiras Modernas da UFPR.

HOFFMAN, Lola. Tradução de Ralph Viana. "O fim do patriarcado". Rio de Janeiro: Revista *Nexos*: Projeto de Parceria, s/data.

HORTA, Mônica. "Mulheres que entregam seu sol". IG: Portal Árvore do Bem, abril de 2005.

NAVARRO, Regina. "500 anos de vergonha". *Jornal do Brasil*, 26/3/2000.

OLIVEIRA, Camila do Espírito Santo Prado de. *Da justiça prometida — O mito das raças em Hesíodo e Platão*. Rio de Janeiro: Monografia de

Graduação em Filosofia pela UFRJ, 2004.

REVISTA *Atualidade Indígena*. Ano 1, nº4. Karytu: Ritual que a mulher não pode ver. Brasília: Funai, maio/junho de 1977.

WEINRIE, Estelle L. Glossário. In: *Imagens do self*. São Paulo: Summus, 1993.

Agradecimentos

Repleta de gratidão àqueles que me ajudaram a içar velas e levar adiante esse barco, evoco primeiramente nossos ancestrais indígenas — fontes desta sabedoria milenar; em seguida, lembro meus antepassados, meu pai - Delfim — navegador sempre capaz de enxergar bem ao longe; meus mestres de muitas épocas e diferentes vertentes; todos esses que me ampararam, servindo de exemplo, para que eu fosse resistente a invasões e leal a meus princípios genuínos; em especial a Fernando Lébeis, motivador e parceiro no início dessa viagem inesquecível.

Aos autores dos livros e textos em que pesquisei e que me abriram tantas possibilidades, eu digo obrigada, com respeitosa admiração.

Agradeço a todos os meus ex-alunos, a meus pacientes, àqueles que ao longo de tantos anos participaram e participam de meus grupos de leitura e reflexão, bem como das oficinas que coordeno, pelo tanto que contribuem para o aprofundamento de minhas reflexões e pelo afeto que temos compartilhado. Destaco aqui aqueles que estiveram em 2007, no Rio de Janeiro, na Oficina *Vasos Sagrados*, dispondo-se a oferecer suas vivências pessoais e sua participação cheia de interesse e entusiasmo para a avaliação do texto provisório deste livro, o que possibilitou o enriquecimento do conteúdo final.

Quero também dizer o quanto sou grata aos muitos amigos que, pacientemente, acompanharam meu trabalho, encorajando-me, de perto ou de longe, a prosseguir, mesmo em meio a calmarias inquietantes e tempestades assustadoras.

Agradeço à Eugenia Ribas Vieira e Natalie Araújo Lima, minhas primeiras editoras, pela parceria e principalmente, por terem sido capazes de compreender minha mensagem (e de acreditar e investir nela) desde as primeiras leituras que fizeram do copião. Da mesma forma, agradeço à Sarah Simoni a adaptação do original do livro para esta publicação independente e à Renata Zucchini Reschiliani pela criação da nova capa.

Ao psicanalista, Dr. Elias Goldenberg, pela emoção vivificante com que durante muitos anos me mostrou, pelo voo dos pássaros, a receita da esperança.

Muito grata a todos os que vêm há tanto tempo acenando no cais, de onde posso rever, com grande alegria, seus olhares, desde quando aguardavam com carinho, meu momento da chegada, após essa longa viagem. À minha mãe, Creuza, exemplo de transmissão da garra de um feminino poderoso, dedicado ao fazer e ao zelar, representante legítima de todas as mulheres que tanto têm me ensinado sobre mim. A meu companheiro, durante a primeira etapa da elaboração deste texto, Douglas Prado, por sua paciente presença.

Por fim, agradeço a meus filhos — Marco, Gabriela e Camila —, verdadeiros companheiros de vida, por sempre me receberem, confiantes e amorosos, após cada ausência. Por serem generosos o suficiente para suportarem minhas inconstâncias, minhas fraquezas, meus temores e por me permitirem sentir orgulho de ter-lhes ensinado a acreditar em suas próprias rotas, o que fazem com coragem, determinação e muito talento.

Graças a essas tantas ajudas, posso me sentir contente de ter conseguido chegar aqui, ao final desse trajeto, entregando a meus netos, Davi, Antonia, Lucia e Francisco, com muito amor e todo cuidado, o tesouro contido nesses *Vasos sagrados*, à espera de que, através da geração que representam, continuem a ser espalhadas, mundo afora, essas preciosas sementes.

Printed in Great Britain
by Amazon

19299819R00150